教养

曾仕强给中国父母的教子忠告

曾仕强
刘君政
著

商务印书馆国际有限公司

图书在版编目（CIP）数据

教养：曾仕强给中国父母的教子忠告 / 曾仕强，刘君政著 . -- 2 版 . -- 北京：商务印书馆国际有限公司，2017.10（2025.7 重印）

ISBN 978-7-5176-0506-5

Ⅰ. ①教… Ⅱ. ①曾… ②刘… Ⅲ. ①家庭教育 Ⅳ. ①G78

中国版本图书馆 CIP 数据核字 (2017) 第 239663 号

著作权合同登记号京权图字：01–2017–6119

教养：曾仕强给中国父母的教子忠告

著　　者　曾仕强　刘君政
出版发行　商务印书馆国际有限公司
地　　址　北京市朝阳区吉庆里 14 号楼
　　　　　佳汇国际中心 A 座 12 层
邮　　编　100020
电　　话　010–65592876（编校部）
　　　　　010–65598498（市场营销部）
网　　址　www.cpi1993.com
印　　刷　三河市紫恒印装有限公司
开　　本　710mm × 1000mm　1/16
字　　数　176 千字
印　　张　14
版　　次　2025 年 7 月第 2 版第 21 次印刷
书　　号　ISBN 978-7-5176-0506-5
定　　价　35.00 元
印　　数　2060 册

序

Foreword

没有子女，想要子女；有了子女，担心子女。

担心的时间，长达一辈子；只要活着，就得不停地提心吊胆。担心的事情，范围大得很；只要管得到的，没有不尽心尽力的。

有些人因此而不要子女，自谓丁克家庭。落得清闲，却惹得愈老愈伤感，后悔莫及。

为人父母，似乎毫无选择的余地。眼前只有一条路可走，那就是合理地教养子女，使其健全发展。

譬如种花，先要心理有所准备，泥土里会长花，同时也会长杂草。子女是人，随时可能变好，也可能变坏。

种花人不理会杂草，等到草长得比花还高，再想整顿。杂草可能被清除，而花大概也活不了。子女幼小时不用心教养，等到坏习惯已经养成，再来严加管教，恐怕费尽心血，也难以挽回。

若是杂草刚刚萌芽，即予摘除。既不必多费气力，也不致伤及花木。子女的教养，自胎教开始，即能掌握重点，一路带上来，自然轻松而愉快，而且事半而功倍。

有心教养子女的父母虽多，却苦于找不到简单易行的方法。现代社会大家工作忙碌，根本不可能担任专职父母。某些既费时又费力的方法，实在难以施行。

何况多元化社会，对于教养子女，各有不同的主张。听起来都很有道理，做起来则各有其难以突破的瓶颈。更不容易评估的，是教养出来的子女，到底能不能适应未来的环境和承接固有的道统？仅能适应未来的变迁，势必成为“忘掉祖先”的“断头儿女”，不知道自己从哪里来？只能承接固有道统，却又成为“食古不化”的“断腿儿女”，不知自己要往何处去？

家父乃超先生，家慈雪霏女士，生逢乱世，始终以教养子女为最主要的任务。不折不挠，一直坚持既定原则，丝毫不因环境迭经变迁而稍有松懈。仕强与君政结婚以来，更是耳提面命，必须重视子女的教养，善尽为人父母的责任。在这种一方面接受父母教养，一方面教养子女的情况下，经过不断的摸索、受教、分析、验证，这才归纳出教养子女的一大目标、三大范围、六大重点、九大问题，不但能够承接道统，而且可以因应未来，简单易行，人人都做得到。

曾仕强 序于 台湾交通大学
刘君政 序于 台湾师范大学

前言

Preface

首先请问各位一个问题：当您看到一个人的时候，会不会用“有教养”或者“没有教养”这一类的标准来评价他？如果会的话，我们真的恭喜您，您是一位有眼光的人，具有教养的观念。对自己的子女，一定十分重视，也用心在教养他们，您的子女有福了。

再请教第二个问题：您有没有发现，愈来愈多的年轻人，表现得没有教养，而不是表现得有教养。换句话说，有教养的人显然是愈来愈少了。如果是的话，我们更应该恭喜您，因为您有自己的原则，不会因迷惑于什么现代化、多元化的虚幻名词而向潮流低头，盲目赶时髦，结果害了子女，也害了自己。

第三个问题是：我国有一句俗语，一枝草，一点露。意思好像是父母不必过分担心子女的成长，因为每一个人都有他自己的命。对于这种观点，您觉得怎么样？如果觉得有相当的道理，而又能够意识到子女的命中有一部分和父母是连结在一起的。有什么样的父母，原来就是子女命中的一个重要的部分。我们可以这样说，至少子女在十八岁以前，他的命运大部分掌握在父母手中。为了子女的命运，父母当然应该特别关心子女的教养。如果有这种看法，我们不但恭喜您，还要进一步尊敬您，因为您除了重视子女的教养之外，一定还能够尊重子女的自主性和开创性，让他们自由地在良好的基础上选择自己所要走的路。您的子女真的令人羡慕，有这样明理的父母，果然是命好，好命！

由于社会形态的改变和家庭计划的观念，现代父母通常只生一个或两个子女，顶多生三个。

在这么少数的子女当中，只要有一个出了问题，就会给整个家庭带来莫大的影响和伤害。现代父母更有责任要把每一个子女都教养成为身心健康的人，为了自己，为了家庭，同时也为了社会，父母就算再忙碌，也不能不用心研究如何教养子女的道理。

我们固然不赞成把以前的孝子孝女变成今日的孝爸孝妈，说什么现代化家庭，应该以子女为主，在儿女第一、儿童本位的主导下，父母必须重新检讨自己的角色，不可以这样，也不可以那样，好像父母都应该辞掉所有的工作，专心当好父母，而且还要十项全能，什么上天下地的事情都会做，哪里去找这样的父母？我们也不赞成恢复以前的孝子孝女，让父亲当老太爷，一切男主外女主内，把家庭气氛弄得十分僵化，简直像牢狱一般，一点也不温暖。

我们主张正本清源，把中国家庭的真正特点发扬光大，培养出堂堂正正的中国人，才是我们教养子女的最高目标。

既然这样，我们首先要重新了解中国人的一些道理。因为这些道理长久以来，一直被误解、被扭曲，搞得乱七八糟，还要把这些错误的解读当作祖先的缺点，您看，这是多么的没教养！

譬如说：把“逢人只说三分话，未可全抛一片心”解读成“教人不要太诚实”；把“各人自扫门前雪，休管他人瓦上霜”解释为“劝人不要合群”；又把“好人不一定有好报”诠释为一种反道德规范的观念。

事实上，中国人最讨厌不诚实的人，所谓“逢人只说三分话，未可全抛一片心”，不过是说话有保留，不必口没遮拦什么都说出来，并没有说要说一些欺骗人家的话，怎么是不诚实呢？“各人自扫门前雪，休管他人瓦上霜”，其实是孔子那一句“不在其位，不谋其政”的通俗说法，让大家普遍懂得分工的道理，哪里和不合群有什么关系？至于“好心不一定有好报”不但是可以看得见的现象，而且含有劝人为善、不要求回报的用意，当然不违反道德规范。

其次，我们要澄清一些对中国人教养子女的误解，譬如把“父母纵容子女，子女依赖父母”当作教条，那不过是表面观察的现象，实际上并非如此。把“老一辈的在世，小一辈的就永远长不大”形容成不够独立自主，其实小一辈的这样做，具有减少父母老年痴呆的积极作用。

父母纵容子女，原来是中国家庭最不容许的事情。清朝的文学家郑板桥五十二岁才有儿子，他在家书中这样说：“我到了五十二岁才有儿子，哪里有不疼爱的道理？但是，疼爱儿子必须遵循爱儿子的一定法则，即使在他游戏玩耍的时候，也一定要培养他心地忠厚、待人诚恳的品德，不能让他为人刻薄、行为暴躁。”可见父母不可以纵容子女，不能溺爱子女，才是中国人教养子女的正道。子女依赖父母，基本上是父母供应的能力有限，才敢让子女依赖，反正就这么多，能依赖到什么地步？让他依赖，只是表现父母不遗余力，全力以赴的一点心意而已。

那些真正有能力的父母，无不处处警惕，唯恐养成子女依赖的坏习惯。古代的帝王，把自己的子女送到别的国家去当人质，《战国策》有一篇古人谈从政、育人、教子的文章说得很清楚：父母疼爱子女，就应该为子女的长远着想，不能只顾眼前的安逸。国王的子女尚且不能在家里依赖父母，何况普通人家的子女呢？《资治通鉴》也指出，门第高贵是一种可畏惧而不可依恃的事，因为家族兴旺容易成为别人嫉妒的对象，就算有真才实学，人家也会认为是依靠祖先的势力。所以曾国藩一再告诫儿子“门户太盛，深为祗惧”，千万不要依赖家庭的保护，门第是靠不住的。

历史上教育子孙自立的教训很多。北宋时有一位丞相王旦，生平不购置田宅，他认为如果子孙不懂得自立，完全依赖父母，而父母又事事庇护，为他们增置产业，子孙就会成为无德无行，百无一能的寄生虫和无赖子，因此他不但主张子孙要自立，而且不赞成留产业给子孙，切实为子孙的自立创造有利的条件。至于老一辈的在世，小一辈的就永远长不大，更是中国人特别高明的地方。我们常常看到很多功成名就的人士，还尊尊敬敬地向父母长辈请教，主要是以身作则，让后辈子弟拿他做敬老尊贤的好榜样，同时也找机会让父母动脑筋，才不会老年痴呆，也让老人家跟上时代的脚步，不至于落伍。你看，不是一举数得吗？

不了解祖先的真正用意，却喜欢充能干，大肆批评来显得自己有学问，这就是没有教养的一种具体表现。传统和现代并不是对立的，传统和现代应该是连续的，我们把连续性看成对立性，以致找不到自己的现代，却硬要把自己塞进别人的现代，当然痛苦不堪。

譬如，我们一谈到子女教育，马上就会想起一个“爱”字。所有的人都在讲：爱你的子女。好像大家都忘记了，父母爱子女，原来出乎人性，哪里还用得着别人来提醒呢？有人说，中国的父母喜欢把爱埋藏在心里，却把威严挂在脸上，这种含蓄的爱太落伍了，应该勇敢地流露出来，把爱大声说出来。我们好像又太小看中国的孩子，中国孩子个个聪明，看父母的样子，就知道父母充满了爱，哪里需要等到父母把爱说出来，才感觉得出来呢？人家美国孩子只用耳朵不用心，其实就是因为美国父母太快把爱说出来，才养成美国孩子不用心的坏习惯。难道我们也要用这种看起来很勇敢，实际上很肤浅的方式，来误导我们的子女吗？

教养子女，最重要的观念，并不是爱您的子女，而是教您的子女。爱而不教，绝对比不爱更可怕，更加对社会有害。多少被溺爱的孩子，多少被宠坏的孩子，今天长大了，正在发挥他们的破坏力，弄得整个社会不得安宁，难道还不足以让我们提高警觉吗？不爱子女的父母，少之又少，就算真的有，别人用爱把这种孩子救回来，还有办法。溺爱子女的父母，很多很多，别人费尽苦心，想把这种被宠坏的孩子抢救回来，几乎无能为力，这才是值得大家重视的课题。

父母教子女，比父母爱子女更重要。我们可以说很多父母不懂得怎样教子女，却最好不要说很多父母不知道爱子女，比较符合实际情况。

爱子女而不教子女，是父母最大的过错，可以说根本毫无良心。

父母的爱，是用来有效教养子女的，这是人类和一般动物最大的不同。

爱子女，就是要下决心把子女教好，让他成为对社会有用的人。生他容易，养他不难，但是要教他，一定要有正确而有效的方法，这才是我们研究子女教养的最大目的。

为了适应当前这种复杂多变的环境，加上父母工作忙碌，我们提出简单实用的教养子女的一大目标、三大范围。

一大目标就是促使子女的身心健康正常，不但健康而且要正常，合乎中国人独特的风土人情，将来长大以后，才能够生活得愉快，做一个堂堂正正的中国人。

三大范围是指导子女基本的生活技能，培养子女正确的生活观念，以及让子女养成良好的生活态度和习惯。

人生最重要的，其实是生活。我们现在往往为了赚钱而忘掉了生活，简直是本末倒置。现代人拥有许多智识，却严重地缺乏基本生活技能，因此收入增加而生活情趣却大幅度地减少。

从小培养子女一些基本的生活技能，以“整齐、清洁、合适、安全”为要领，循序渐进。

生活观念，可以善用生活技能，使其合理地表现在日常生活当中。我们教导子女，及早建立“好学、知耻、求上进”的信念，以期立于不败之地。

基于这三大生活观念，进而培养子女一些良好的生活态度和习惯，这时候必须以“勤劳、守分”为重点，只要具备这样的态度，一生不怕生存问题，更不怕被人瞧不起。

从以上这三大范围，再归纳出其中的要领，一共有“整洁、安全、好学、知耻、勤劳、守分”六大重点。不但简单明了，容易记忆，而且掌握了教养子女的根本，可以说是一种根本的教养，而不是头痛医头、脚痛医脚式的治标教养。

相信父母掌握到这一大目标、三大范围、六大重点，便可以灵活应用，依照自己的实际情况，教养出理想的子女。

每一个家庭，都有自己独特的家风。每一对父母，都拥有按照自己的理想教养子女的权利，不容他人干预。我们尊重各人的理想，只提供大原则，预留很大的空间，先祝福各位，早日培育出自己所期望的子女。

我们提出九大问题，分别为子女为什么需要教养？怎样提供正常的家庭环境？怎样扮演各种必要的角色？怎样了解子女的成长状况？怎样采取适当的管教方法？怎样指导基本的生活技能？怎样培养正确的生活观念？怎样养成良好的生活态度和习惯？怎样促进子女的身心健康而正常？和各位共同研讨，希望能够更清楚地认清上述的一大目标、三大范围和六大重点。

教养子女，并不是看看书就可以见效的。必须经过思索，慎重分析，决定之后还要真正付诸实施。唯有持续不断地实践，反复地检讨、改善，并且阶段性地合理调整，才能收到预期的效果。

本书的设计，便是依据实际的需要，兼采问题的方式来引导读者，以便实践之用。并且附有评量表以供使用，可以剪下来影印，随时进行自我评量。教养子女，对父母而言，应该是莫大的喜悦，用“感谢上天把这么好的子女托付给我”的心情来阅读、思考、实践，才能圆满完成上天赋予我们的父母使命。

目录
Contents

第一章

子女为什么需要教养

这是一个少生的时代，
孩子生得少，一两个很宝贝。
少生就应该优生，
生得少，当然要求生得好。
优生就应该重视教养，
生得好，不如教养得好来得可靠。
教养得好要从怀孕开始，
每一阶段，每一时期，都掌握重点。

中国人骂人的时候，常常把人家的父母也连带着一起骂进去，说什么“没有教养”。西方人听起来，觉得中国人不讲道理，明明是这个人不对，和他的父母有什么关系？怎么可以骂他的父母呢？西方人的观念，分大于合，他们的分离意识比较强，认为父母是父母，子女是子女，甚至父是父，母是母，儿子是儿子，女儿是女儿，各自独立，不能够扯在一起。中国人的观念，刚好相反。我们认为合大于分，和合性应该大于分离性，也就是和合意识应该强于分离意识。父母子女既然是一家人，当然要共同承担错误。中国人很讲道理，子女的教养，是父母的责任；没有把子女教养好，证明父母没有尽到责任，应该挨骂，这不是很自然的道理吗？

摆在我们面前的，有两条路可以走，任由各位自己来选择。一条是西方式分大于合的教育方式，把子女教养成为独立的个人，采取割断父母子女的心理脐带的方式，使家庭成为一个有限公司，父母对子女只负有部分的责任，同时也只能够享有部分的权利。另外一条是中国式合大于分的教育方式，把子女教养成为家庭中的成员，采取血浓于水，“生为这一家的人，死为这一家的鬼”的方式，使家庭成为一个无限公司，父母对子女负起全部的责任，同时也享有最大的权利。

中国人听到有这么两条路可走，选择起来，就会觉得有些困难。因为我们很不习惯西方式的二选一，在两个当中挑选其中的一个。我们比较喜欢二合一，最好两条路合成一条，把两条路的优点都包容进来。这种观点，是不是再一次证明，中华民族是合大于分、和合性大于分离性的民族呢？

好，把两条路并成一条。以中国人的伦理精神配以西方式的科学方法，也就是用中国人的精神来调整西方式的方法，走出一条现代化的中国式教养子女的大道。

首先，我们提出三个问题，请各位好好思考：

第一，子女到底重不重要？

第二，子女要不要教养？

第三，教养子女，应该注意哪几个项目？

各位思考之后，请把下列问题的答案写下来，然后再接着看后面的说明。

❶ 子女到底重不重要？

❷ 如果认为子女十分重要，请把重要的原因列举出来。

❸ 若是认为子女并不重要，也请把主要的原因写下来。

❹ 子女需要不需要教养？

❺ 如果认为子女应该教养，请把主要的理由列举出来。

❻ 假若认为不需要教养，也请把主要的理由写下来。

❼ 教养子女，应该注意哪几个项目？请按照优先级，逐一加以列举。

生养子女是家庭的责任

我们常说："成家立业是人生的大事。"可见"成家"和"立业"，对人生来讲，都是同等重要的事情。

一般人讲到"成家"，总以为是指"结婚"而言，好像结了婚，就等于成了家。其实不然，结婚只不过是成家的开始，可以说是走出了第一步。如果从此停止，不再往前走，不生儿育女，就不能算建立家庭，充其量只是一对夫妻而已。我们常常称呼这样的夫妻为"小两口"，是不是？

欧美人的家庭，以夫妻为主轴。他们往往把家庭的关系缩小到夫妻两个人身上，和父母的关系，和兄弟姊妹的关系，以及和子女的关系，都是短暂的，一段时期过去，彼此就分开了、离散了。甚至于夫妻的关系，也可能是短暂的，一段时间下来，觉得合不来，便可以分居、离婚，劳燕分飞，两个人分开、离别，各走各的。

中国人的家庭，以父母子女为主轴，我们把家庭的关系扩大到三代同堂，甚至五代同堂。

欧美人的个人主义思想，使他们的人生从个人开始，又以个人孤孤单单地结束。一个男人或女人，找到了另外一个女人或男人，两人结婚成为夫妻，叫作一对。这一对夫妻，生了子女，才成为一个家庭。子女长大成人，各自成婚，就离开父母的家，各自建立新家。这时候老家又回到原来一对的情况，不过已经是年老的一对，而不是年轻的一对。这年老的一对，不太可能同年同月同日死亡，所以其中的一个先走一步，又剩下孤零零的一个人。从一个人开始，以一个人结束，这是欧美人自作自受的结果，谁叫他们要主张个人主义呢？

中国人的家族主义思想，认为人一生下来，便应该受到家人的照顾，一直到死亡，也应该在儿孙满堂的情况下，安详地离去。中国人好像特别喜欢热闹，特别害怕寂寞，所以一生下来就要和父母睡在一起，临终的时候，也要眼睁睁地盼望子孙到齐，才肯闭上眼睛。

对中国人来说，子女特别重要，有三个主要的原因：

第一，子女是父母的骨肉，也是父母老年的依靠。

家庭中的关系，可以大致分成三种：那就是夫妇关系、父子关系和兄弟关系。依社会学观点，夫妇关系是一种交互关系，父子关系是一种因果关系，而兄弟关系是一种并列关系。

夫妇分别来自不同的家庭，不论基于哪一种因素而结婚，婚后共同生活，必须以"互相尊重、彼此包容"来互动。也就是以家庭为共同的目标，建立一种交互关系。

父母和子女之间的关系，从父母这一边来看子女，先得有共同生活的夫妻关系，基于这种现实，才有生儿育女的理想，所以对产生的子女十分慈爱；从子女这一边来看父母，没有父精母血，便没有自己的存在，基于这种现实，产生纯粹的精神性的孝思。从理想上讲，子女总希望孝顺父母，不过在实际上，有时候不知道怎么做，以致出了差错，做出了不孝的行为。

其实，父母慈爱子女孝顺，原本是一种因果关系；而父母不像父母，子女不像子女，也离不开因果关系。父母的教养是因，子女的行为表现是果。

兄弟、姊妹彼此并列，在父母的教养下，互相影响，也互相砥砺，同样是一对父母所生，兄弟姊妹的发展并不一定相同。

子女是父母的骨肉，这一点全世界的人都承认，没有人会反对。但是子女是父母老年的依靠，就见仁见智，有不同的看法了。

有人主张生儿育女原本是父母自己要做的事，我们事先并没有征求子女的同意，便糊里糊涂地把子女生下来。子女一生下来，就哇哇大哭，是不是一种不满意的表示？既然如此，父母对子女没有恩惠，子女对父母也不必有所报答。父母老了，是父母自己的事，怎么可以依靠子女呢？子女自己有一天也会年老，还不是一样要靠自己！

有人认为人是万物之灵，人和其他动物不同的地方，就是人懂得互助的道理。父母年纪大，子女奉养父母，成为父母的依靠；子女自己成为父母之后，年纪老大，同样可以依靠自己的子女。何况子女在幼小的时候，也依靠过父母，在父母年老的时候，让父母依靠子女，当然也是应该的。

也有人说，子女孝顺父母乃是天经地义的事情，孝是一种自然的法则，而人不能违背自然法则，所以子女成为父母年老的依靠，不单是供给年老的父母东西吃，而且应该心中充满尊敬和爱，以父母能够享用子女所敬奉的衣食为最大的快乐，才合乎孝道的精神。

第二，子女是家庭的一分子，也是家族的继承人。

结了婚的夫妻，生育子女是一种天性。我们已经说过，还没有生育子女的年轻夫妻，不过是“小两口”，至少生了一个孩子，才真正成为一个家，可见子女是家庭的重要分子。旧式的家庭，年轻人结婚成为夫妻之后，在父母的盼望之下，要赶快生儿育女，而且还希望先生男孩，才比较放心。现代家庭，新婚夫妻可以迟延两三年，把事业基础打好，等到经济状况好一些，才生育子女，而且男孩女孩都一样好。

当然，现代人也有不喜欢生育子女的，认为生儿育女会干涉夫妻之间的爱情享受，增加夫妻的各种负担，妨碍夫妻的行动自由，甚至会阻碍夫妻的事业发展。等到年纪大了，失去生育的能力，才发现自己年老珠黄，生命又无人延续，因而悔恨，深深觉得歉疚，恐怕已经太迟了。

男人要打仗，防御敌人；女人应该怀孕、生育子女。这种人的天性，组成了男女合作的家庭。一对夫妻所生的子女，不一定个个都遗传相同的资质。实际上子女当中，有的比较聪明，有的比较健康，有的反应比较快，有的比较守成。为了让自己的子女能够截长补短，互相帮忙，以免兄弟姊妹之间产生太大的差距，影响彼此的感情。做父母的，总希望在自己看得见的岁月里，子女长大结婚成家之后，仍然不要分家，形成三代同堂甚至五代同堂的家族，可以扩大互助的范围，增加亲人之间的联系，而促进亲戚的密切关系。

我们都明白“截长补短”的道理，中国人主张三代同堂，便是让子孙有这种截长补短的机会，一家人互相帮助，会读书的专心读书，喜欢学技术的可以放心去学，而喜欢种田的也安心地在家务农，这样构成“耕读之家”，各人发挥所长，共同促进整体的发展。

中国人特别喜欢生生不息，希望自己的家族，能够长远地生存和发展下去。但是，个人的生命终究有限，一个人要想生生不息，最好的办法就是设法维持家族的命脉。所以生育子女，成为十分重要的事情。过去我们重男轻女，便是以父系家庭为主，其实从延续生命、生生不息的观点来看，女孩和男孩一样可以延续生命，应该一样对待才好。子女是家庭的延续，使家族能够生生不息，当然非常重要。

第三，子女是社区的一分子，也是国家未来的主人翁。

世界上绝大多数的家庭，都聚居在大大小小的村庄、部落或者城市当中。聚居在一起，就产生了邻居关系。邻居的范围扩大，便成为社区。邻居和社区，一方面为家庭带来和平安乐，另一方面也为家庭带来纠纷和苦难。但是，无论如何，远亲不如近邻，邻居和社区的守望相助，总是十分必要的。

在邻居和社区之中，每个家庭都应该尽一份力量。因为家家户户都关起门来，只管自己家内的事情，不管社区共同的事情，那么社区工作要由谁来推行呢？所以鼓励家人热心参与社区的各种活动，才会受到大家的欢迎。家庭中如果没有子女，凡是邻居和社区的活动，都要由夫妻亲自参与，这时候看到别的家庭，有子女代劳，不知道会有什么样的感觉？会不会觉得自己不生育子女，到头来也是一种自作自受呢？

子女是社区的一分子，该父母出面的时候，父母出面；大家都是子女出力的场面，自己也有子女可以参与，这时候子女就显得十分重要。

再把范围扩大到国家，国家也不过是许许多多家庭的组合。中国人常说家齐国治，若是家庭治理得很好，这个国家必然强盛。

家庭要求生生不息，国家更需要生生不息，因为没有国哪有家！国家如果不能长久生存发展，家庭还有什么希望？国家能不能生生不息，要看未来有没有希望，而子女是国家未来的主人翁，可以决定国家的未来命运，当然非常重要。

我们已经知道，子女十分重要，而重要的原因在于子女是父母的骨肉，也是父母年老时的依靠；子女是家庭的一分子，也是家族的继承人，没有子女，家庭不可能持久，家族也无法延续下去；子女是社区的一分子，也是国家未来的主人翁，无论社区、国家都需要子女，才能够互助，也才能够生生不息。

子女必定需要教养

子女要不要教养呢？家庭的第一个功能是生育子女，第二个功能便是教养子女。因为父母和子女的关系，虽然从生物性开始，纯粹是父精母血的作用。但是父母和子女的关系，必须提升到超越生物性，也就是精神性的层面，才能够把子女教养成为有用的人，使自己和家庭受到大家的尊敬和欢迎。

子女应该教养的主要理由，也有下面三个，现在分别来加以说明。

第一，子女从出生到成人，都需要父母的教养。

做父母是天下最容易的事情，只要生理上没有问题，人人都可以生儿育女。我们常常看到很多人，还没有准备好为人父母，便糊里糊涂地当了父母，可见并不困难。

但是要做好父母，那真是非常不简单。因为生育容易，教养却十分困难。何况子女从出生到成人，都需要父母的教养，必须花费许多心血，耗费许多时间。

有些人认为小孩子固然需要父母的教养，可一旦长大成人，父母就不必那么操心，一句“长这么大了，还管他做什么”，就轻松地把教养的责任推掉了。其实，子女在一生当中，任何阶段都可能遭遇到一些问题，产生一些苦恼，面临一些危机，十分需要父母的教养，父母不可以置之不理。中国人常说，在父母的心目中，子女永远是长不大的小孩子。这一句话如果解释得妥当，就应该明白它具有三层含意。第一，只要父母活着，就有责任教养子女。第二，子女长得再大，也需要父母给予阶段性的、不同的教养。因为每一个时期，都有一些需要父母指点、提示的地方，而这些地方只有父母最清楚，也最方便说出来，别人既不清楚，也不方便说。第三，子女再大，也要孝敬父母，尽量按照父母的理想，使自己做得更好。

中国社会讲求亲疏有别，主张有差别的爱，所以交浅不言深，交情不够，有很多话实在不方便说。天底下只有父母和子女最亲，交情最深厚，所以什么话都可以讲。一生当中，有父母这样亲密的关系，一路指点下来，岂不是人生最大的福气！

第二，教养的方法不对，固然不能成材。教养的方法很对，如果稍有疏忽，也会造成问题或不幸。

中国人相信“善有善报，恶有恶报”，用在子女教养上面，也十分灵验。教养的方法正确，子女成材，便是善有善报；教养的方法不正确，子女不成材，岂非恶有恶报？这种因果关系，其实一点也不神秘。

但是善有善报，必须注意我们所说的善，应该十分明确与坚持，否则自己认为是善的，未必是善，或者未必尽善，那就没有办法希望善有善报了。

父母教养子女，为什么那么困难呢？就是因为教养的方法非常重要，而方法正确与否，实在很不容易判断。父母应该不断地提升自己的层次，随着环境的改变而调整自己的观念和行为，才能够合理地教养子女。老式家庭的父母既严格又专制，子女唯一的因应方式就是服从，父母严格管教而子女服从，看起来反而简单明了。现代家庭大多不采取这样的方式，父母希望子女理解教养的理由，但是父母却不一定清楚自己所依据的理由到底是什么，因此教养子女，显得比过去更加困难。

第三，子女的教养，不能够完全仰仗他人。子女的教养，就算父母再忙碌，最少也应该负起一部分的责任。

同样生儿育女，在家庭以内生育子女才算合法。凡是不合法，也就是并非夫妻关系所生的小孩，不是被堕胎打掉，便是生下来不为社会所承认，长大后也会遭受不同程度的凌辱。生育和教养是接连着发生的，父母的爱是使子女发育长大的最重要的力量或滋养。只有父母的爱才能够使子女获得身心正常的发育，这是无可替代的。

贫穷的家庭，哪怕物质条件非常贫乏，子女如果承受父母丰富而长久的爱，照样可以发育成长得很正常。富有的家庭，即使物质条件十分丰足，子女如果得不到父母的爱，却由仆人或女佣来照顾，也有可能发育得不很正常。中国人常说“富不过三代”，便是富有家庭的父母，常常忙于自己的交际应酬，而把子女交给他人去带，子女缺乏父母的爱和教养，长大以后把父母的财产败光，名声败坏甚至弄得家破人亡，当然富不过三代。

现代有一些设备健全的幼儿园，聘请具备专业技能的人员，但是其中大多数幼小的儿童，发育得并不十分正常，长大以后人格也往往不够健全，主要原因在于缺乏真正的父母之爱。现在有些人由于种种原因，生了子女就要交给托儿所、育幼院去抚养，好像不知道父母的责任是不但生育而且还要教养。父母再忙碌，也应该在教养子女上面尽一份力量，负一份责任。

依据以上的说明，子女必定需要教养。生育子女和教养子女，基本上都是父母的责任，不能够找理由逃避。现代社会，负责儿童、青少年教养的机构固然很多，但是家庭仍然是最基本、最重要的教养单位。如果父母不能够好好教养子女，使得家庭的教养不健全，其他机构也将会事倍功半，甚至徒劳无功。

子女从出生到成人，也就是从小到大，每一个阶段，每一个时期，都需要父母的教养，也正由于父母这样用心，这样细心，子女长大成人，才可能成为父母年老时的依靠。教养的方法非常重要，方法不对，固然子女不能成材；方法很对，如果稍有疏忽，也会造成问题或不幸。同时子女的教养，不能够完全仰仗他人，就算父母再忙碌，最少也应该负起一部分教养的责任。把子女的教养，推到老师、保姆、亲友或者佣人身上，都是不应该的做法。

教养子女的要点

教养子女，既然是父母不可推卸的责任，那么教养子女应该注意哪些事项呢？

我们提出八大事项，先简单说明一下：

第一，提供正常的家庭环境。

在所有哺乳类动物当中，只有人类的婴孩最为依赖，最不容易独立生活。我们在身体上，必须完全仰仗父母的照顾，在心理上也是同样的依赖。父母因此对子女具有相当大的权威，因为没有父母的照顾，子女很难独自生存下去。子女对父母的服从，实际上也是出于对父母的依赖。子女在成长的家庭环境中，学习到什么话可以说，什么话必须保留；哪些事情可以做，哪些事情必须避免。几乎各式各样的人生经验，都是从家庭环境中获得的，所以提供正常的家庭环境，成为教养子女的第一个重点。

第二，扮演各种必要的角色。

家庭气氛的和谐，对于子女的教养，具有十分密切的关系。家庭气氛和谐，主要来自家庭中各种角色都扮演得十分合理。父亲像父亲的样子，母亲像母亲的样子，儿子像儿子的样子，而女儿也像女儿的样子，各如其分，既亲密又能够互相尊重，家庭气氛自然和谐。做父母的，必须认清子女的教养比事业发展更加重要，才不致日夜追求事业的发展，而置子女教养于不顾。百亿财产，往往要辛苦终生才赚得到，甚至几代的勤俭努力才累积起来，如果子女没有好好教养，一下子就会把百亿财产败光。只有父母有这样的认识，才会扮演好自己的角色，子女的教养才有希望做好。

第三，了解子女成长的情况。

我们常常看到父母有心教养子女，却不知道如何是好，因为对于子女成长的情况并不了解，不知道应该做些什么，也不知道子女需要的是什么。在这种情况下，教养子女怎么可能做到恰到好处呢？我们已经说过，父母必须依据子女成长的情况，按阶段调整自己的教养方式，以配合子女的心态。然而父母对子女成长的情况并不了解，怎么能够合适地调整自己的态度，做好阶段性的改变呢？子女有离家出走的念头，主要是觉得家里不温暖，得不到父母的爱；而父母总认为自己付出了很多的爱，可见对子女成长的实际情况，必须多多加以了解才好。

第四，采取适当的管教方法。

父母提供正常的家庭环境，扮演好自己的角色，了解子女的成长情况，还需要采取适当的教养方法。因为方法不适当，教养的效果就不会良好。一般而言，父母管教子女，要有一定的原则，这里头有共通的，儿子、女儿都适用；也有个别的，男的、女的、大的、小的都不一样。看需要采取不同的管教方法，并且视所收到的效果而检讨改进。父母要和子女同步成长，也就是随着子女的长大而改变自己的管教方法。原则不变，而方法可变。也就是现代父母要付出的感情的爱、真诚的关怀，和过去的父母一样，但采取的方法不同，也就是经常耐心地和子女沟通，恳谈各种问题，以求有效。

第五，指导基本的生活技能。

人活在世界上，什么东西最重要？说来说去，生活最重要。生活需要某些技能，才能够生活得安全而自在。可惜我们现在过分重视事业和金钱，却忽略了生活；过分重视专业技能，却严重忽略了生活的基本能力。我们很容易发现现代人有丰富的知识，却竟然缺乏生活的能力。父母教养子女，首先要让子女生活得好，所以基本生活技能的培养和指导十分重要。基本生活技能，主要包含衣、食、住、行、育、乐六大方面，必须做到合适而安全。

第六，培养正确的生活观念。

父母教养子女，必须注意奠定子女一生的良好基础。这个基础就是我们常说的“性格”。

什么是性格？英国有一位神父胡尔说过：“性格是有原则的生活。”我们思想、说话、行动，合起来就是生活。生活要有原则，也就是要有一些生活观念。这些生活观念深入内心，产生一些行动，随时应用在生活中的任何环境，而能够始终如一，保持一贯性，就形成了性格。父母用心培养子女一些正确的生活观念，也就是培养子女良好的性格。性格良好，命运便跟着良好，因为命运其实是性格的产物，有什么样的性格，就会有什么样的命运。

第七，养成良好的生活习惯。

人是习惯的动物，一旦养成习惯，要改变非常困难。父母的责任，便是在子女幼小的时候，一开始就让他养成良好的生活习惯，只要习惯成自然，子女长大以后，就不会变坏。现代家庭，父母大多十分关心子女的教育问题，但是有很多人不知道从小培养子女读书的习惯。一般人把读书看成现实问题，把读书当作谋取职业、应付考试的手段，结果养成子女应付一时，却无法扎根落实的读书习惯，害了子女一生。相反，如果父母能够在子女幼小的时候，让子女养成良好的读书习惯，形成书香家庭，对于子女的教养，当然有很大的帮助。

第八，促进子女的身心健康。

父母希望子女高人一等，出人头地，有杰出的表现，本来是人之常情。现代家庭，往往把重点放在追求更多的财富来满足物质上的生活，却忽略了精神生活。这种情况，反映在重视子女的身体健康，却不顾及子女的心理健康。子女从小养成争权夺利的心理，经常以哭闹作威胁来达到某些要求，长大以后，心理不正常，就会做出一些令人不敢想象的事情。社会上吸毒的人，当然知道吸毒的不好，但是从小养成自暴自弃的心理，长大了就会吸毒，形成一种不可避免的因果关系。所以促进子女的身心健康，也是父母教养子女的一大重点。

现在我们知道，子女十分重要，子女也需要父母的教养，而教养子女必须掌握八大项目，分别是提供正常的家庭环境、扮演各种必要的角色、了解子女成长的情况、采取适当的管教方法、指导基本的生活技能、培养正确的生活观念、养成良好的生活习惯，以及促进子女的身心健康。

看完以上的说明，我们请各位反复思考本章开始所提的几个问题，看看有什么宝贵的见解：

1. 子女到底重要不重要?
2. 为什么中国人的子女观念意识特别强?
3. 养儿防老的观念，如何现代化?
4. 子女是否需要教养?

5. 实际的教养情况如何?
6. 实际所遭遇的困难在哪里?
7. 应该怎样改善?
8. 教养子女应该注意哪几个项目?
9. 实际进行的情况如何?
10. 最好如何改善?

第二章

怎样提供正常的家庭环境

子女的第一个家庭环境，
是母亲的子宫，
所以胎教十分重要。
子女的第二个家庭环境，
其实就是父母本身，
身教比言教更加要紧。
子女的第三个家庭环境，
是家人、亲友的互动，
以及家庭中各种装潢和摆设。

台湾创造了举世公认的经济奇迹，但相对地牺牲了环境的质量。现在我们已经有了环境评估的意识，因为我们从教训当中知道事前预防远比事后补救更有效。

基于这样的认知，我们是不是应该反省一下，自己的家庭环境能不能教养出良好的子女？也就是子女成长在这样的家庭环境当中，能不能正常地发展出健全的人格？

家庭环境对子女的影响，可以用“近朱者赤，近墨者黑”来形容。子女的家庭环境，从母亲的子宫开始，所以教养子女，最好从“胎教”做起。中外许多儿童教育专家都认为在孩子出生以前，就应该进行早期教育。母亲不但要考虑胎儿的健康，而且要为胎儿的品德和智力着想。怀孕的母亲更应该使自己的生活愉快，多看好书，多想好事情，多听好音乐，多欣赏大自然的美和艺术作品，并且要多做好事。

古人十分重视胎教，妇女怀了孕，不能侧身睡觉，不能歪着身子坐，不能斜着站，不能吃怪味的食物，不能看乌七八糟的颜色，不能听下流放荡的音乐，这样生下来的孩子才会容貌端正、才智聪明。

中国自古以来，十分重视门当户对，听起来好像有划分阶级的味道，其实用现代的眼光看，可以说是一种优生学，找到门户相当的对象，结婚生育子女，当然比较放心。也可以看作一种婚姻的保障，因为生活背景相近，对于夫妻的互相适应有很大的帮助。从正面说，是婚姻对社会的一种责任，也是婚姻对子女未来的一种责任。

慎选结婚的对象，其实是教养子女的基础。基础良好，将来教养子女，才比较可靠。而胎教是教养子女的第一步，中国人对孕妇的某些禁忌，譬如有身孕的人不能拿剪刀，小心胎儿出生会有疤痕，不搬重物，不钉东西，不闻太刺激的东西，不移动床，不发脾气，不跑不跳，不受惊吓，不吹风，不晒衣服，不乱动房内东西，不添加新物，不吃太冷的东西，不看丑陋的东西，不出远门，从科学的观点来看，实际上都有相当的道理。

子女的第一个家庭环境，是母亲的子宫。生下来之后，面对的第二个家庭环境，便是父母本身。有什么样的父母，就会教养出什么样的子女，而有什么样的子女，也可以看出有什么样的父母。对子女来说，父母的身教，影响力比言教还要大。父母的一言一行、一举一动，都是子女模仿、学习的对象。

子女的第三个家庭环境，是家人、亲友和家里的装潢、摆设。来往的亲友和家中的一些设备、用品，实际上都和子女的教养有相当密切的关系。

我们先请各位思考三个问题：

第一，夫妻之间，要怎样相处，才能够给子女提供一个正常的家庭环境？

第二，亲友之间的往来，应该采取什么样的态度，对教养子女才有帮助？

第三，家庭中的设备，最好采取哪些原则，对子女的教养比较有好处？

各位思考之后，请把下列问题的答案写下来，然后再接着看后面的说明。

1. 夫妻间应该如何相处，才能提供子女正常的家庭环境？
2. 亲友之间的往来，应该采取什么样的态度，对教养子女才有帮助？
3. 家中的装潢、设备和用品，最好采取哪些原则，对子女的教养比较有利？

夫妻之间“约法三章”

这里所说的夫妻，除了夫妇的关系之外，更重要的是指为人父母的关系。前面已经说过，有很多人在没有准备好为人父母之前，就糊里糊涂地做了人家的父母，以致手忙脚乱，不知如何是好。有些家庭，看起来只有一对夫妻和一两个小孩，看不出父母的存在。因为这一对夫妇，充其量只是夫妻，还没有表现出父母的水平。

常见的父母，大概可以分成三种类型，一种是把自己当作神，一种是把自己看作人，还有一种相当可怕，把自己当作鬼。相信这三种类型的父母，各位都曾经见过。

把自己当作神的父母，如果不高兴的话，可以马上处罚子女，没有什么慈爱，不谈什么公正，甚至不需要合法。因为神具有无比的法力，顺我的、信我的，就给他一些好处；不顺从的、不信我的，便给予惩罚。子女还很小的时候，父母的确有神一般的威力。没有父母，幼小的子女没有人爱护，没有人照顾，没有房子住，没有东西吃。这时候的子女，就好像社会上哪些愚夫愚妇一样，相信一切都是神的恩赐，好像只有相信神、依赖神，自己才会平安健康。对无法独立生存的幼小子女而言，父母把自己当作神似乎十分容易，果然一下子就成了神。既神气又不费力，便可以为所欲为，当然像神一样神气活现。

可是，子女到了两三岁的时候，就会开始要求独立自主，从抗拒大小便的训练开始，一直到凡是父母的指示都不愿意接受。这种摆脱父母管教的欲望，到青春期会达到最高点。就好像某些信神的人，愈来愈觉得神不可靠，愈来愈觉得自己比较可靠，因而愈来愈不相信神。

这时候把自己当作神的父母，如果执迷不悟，坚持采用神的方式来对待子女，一心一意要保持至高无上的权威，很可能就会像某些神一样，表现出一些神通、神迹，让信徒心生恐惧而加深信仰。做子女的恐怕一辈子都会养成一种不正常的态度，那就是永远认为父母才是完美的，而父母不愉快时对子女不好，一定是子女有什么不对的地方。这种态度，虽然信奉父母有如神明，可以满足父母自认为是神的欲望，却一辈子认定自己是不好的，至少不如父母那样好；认定自己是软弱的，至少不如父母那样坚强。子女像虔诚的信徒那样，永远依靠在神的旁边，一切听从神的指示，是不是表示一辈子都长不大呢？这样的子女，你喜欢吗？你愿意你的子女一辈子都长不大吗？子女一辈子依赖你，你还有什么希望？子女永远不能独立，你不是十分辛苦劳累吗？

至于把自己当作鬼的父母，那就更加可怕。他们以加强子女的恐惧感和无助的心理来巩固自己的地位，动不动就威胁、恐吓，要子女完全服从命令。稍不如意，就对子女拳打脚踢，还不许子女有一些怀疑，究竟是为了什么？从子女的大小便训练一直到青春期，子女的任何抗拒，甚至不是抗拒而是个别的差异，都被当成罪不可赦的叛逆行为，看作是对父母的一种攻击，当然十分愤怒地、非常激烈地，甚至事出突然地对子女施以还击。在子女的心中，时时存有一种恐惧感，他们不但知道有雷电，而且知道雷电迟早会打下来。他们不敢期望没有雷电，反而期望雷电早一点出现，然后再莫名其妙地等待着下一次雷电。

我们也常看到某些受鬼折磨的人，不管怎么细心，都会令鬼不满，不论怎么用心，结果不是被鬼折磨死，就是找机会想办法摆脱鬼的掌控和纠缠。

把自己当作鬼的父母和子女的关系，最终导致的结果不是把子女整死，就是把子女逼得离家出走。

对子女有爱心，却要求子女百依百顺的，是神父母。对子女根本缺乏爱心，却又要求子女绝对服从的，是鬼父母。这两种父母，对子女而言，都不是良好的家庭环境。

我们既然是人，就应该把自己当作人看，不应该看成神，也不应该当作鬼。但是父母把自己看作人，首先要明白“一样米可以养出百样人”，同样是人，也是形形色色的，并不完全相同。

父母把自己当作人，还要更进一步，把自己当作正常的人，至少在对待子女方面，坚守三个重要的原则。那就是：第一，父母双方，都要下定决心，要好好教养子女；第二，父母彼此要诚心相待，爱其所同，敬其所异，如果有不同的意见，不同的看法，也应该避开子女，私底下沟通协调，避免在子女面前吵闹争执；第三，父母不要公开在别人面前夸奖子女，也不要避开另一半，私底下讨好子女，当然，更不应该公开责骂子女。

为人父母这一句话，可以解释为做人家的父母，也可以解释为以人的身份来当父母，称为人父母，表示和神父母、鬼父母大不相同。这时候这种约法三章变成十分重要的守则，我们再分别说明如下。

第一，父母要有决心教养子女。生育、养育、教育三者之中，生育比较容易，生下来好像就没有事了。养育和教育就比较困难，费时费力，费神也费钱，教养就是养育和教育。这当中教育又比养育难上几百倍，父母如果没有坚定的决心，往往很不容易坚持，常常半途而废。

教养子女，一方面要有本能的爱，另一方面要有理智的情。把子女看作既需要慈爱，又需要教育的孩子。做父母的，既要对自己的子女负责，又要对整个社会负责。一方面要为子女的未来负责，另一方面也要为子女将来所要生活的未来社会负责。教养子女，如果只凭本能的爱，和动物根本没有分别，因为猪、狗、猫、羊也都爱它们的子女。教养子女，必须加上一份理智的情，决心把子女教养成具有正常、健全的人格。

第二，父母彼此要诚心相待，爱其所同，敬其所异。中国人主张结婚前要睁大眼睛，看清楚另一半的各种状况。结婚后就应该睁一只眼闭一只眼，睁一只眼看到另一半和自己相同的地方，彼此志同道合，互相合作；闭一只眼才能够尊重另一半不相同的作风，各有所长，各有所好，才可以互补互惠，也没有什么不好。爱其所同，夫妻志趣相同的部分，要互相鼓励，共同求进步；敬其所异，夫妻习惯、兴趣、态度不相同的部分，也应该互相尊重，彼此欣赏，在子女教养上面，才可以互补，让子女接触到不同的生活方式。但是父母有不同的意见时，必须避开子女，私底下沟通协调，不要在子女面前争吵辱骂，以免子女为难，甚至无所适从。

第三，父母不要背后向子女私下讨好，以免造成子女对父母任

何一方的错觉或误解，影响家庭的和谐。不管有意无意，都不可以在子女面前数落另一半的过失，更不可以明白表示或暗示自己比另一半更疼爱子女或更为子女设想，因为子女所需要的是父母齐全的爱，而不是单一方面缺陷的爱。子女对父母之中任何一个人产生成见或偏爱，都会在教养子女方面造成不良的影响，应该尽量加以避免。

父母之间约法三章，并且时时互相提醒，共同遵守，以养成习惯，才能够在夫妻之外，进一步成为良好的父母。对教养子女来说，这提供了一种正常的家庭环境。

人父母做得好，有时在子女心目当中，可能会升格为神父母。只要父母不要把自己当作神，子女自愿把父母当作神来信仰，那就是正神，不会变成邪神。人父母做得好，最起码不会变成鬼父母，因为人有爱心，不致像鬼那样令人心生恐惧。

父母与亲友的互动影响子女的教养

除了父母之外，亲友的来往也构成了教养子女的家庭环境。因为亲戚朋友经常出现在家庭之中，和父母的互动，甚至和子女直接互动，都会影响到子女的教养。

我们提出五大原则，分别说明如下：

第一，在大家庭中，父母对待亲人，不论长幼，都应该以礼相待。

子女的教养，说起来以父母的身教最为重要。父母做好榜样，子女看在眼里，自然会仿效父母的行为。父母做坏榜样，也难免子女有样学样，养成不好的习惯。

身教重于言教，这是大家都耳熟能详的道理。什么叫作身教？就是以身作则，给子女树立好榜样。

我们常见到某些父母，希望子女用功读书，他们会先示范喜爱读书，父母读书给子女看，自然而然子女就会效法。父母希望子女品德良好，父母的言行必须十分留意，处处谨慎，时时做好模范，子女自然会学习。

在大家庭中，有很多亲人，这时候父母对待亲人的态度，就成为子女模仿的对象。父母对待亲人，不论长幼，如果都很有礼貌，以礼相待，那么子女对待亲人的态度也会十分有礼貌。否则的话，父母对亲人不重视礼节，子女照样没大没小，弄得亲人也不喜欢和他们相处。

第二，父母对待佣人，不可作威作福或过分亲近。

家庭中如果没有必要，不必请佣人，尤其不可以把教养子女的责任完全交托给保姆或佣人。但是现代小家庭愈来愈多，职业妇女要兼顾职业和家庭，往往十分困难。在这种不得已的情况下，最好只让保姆带白天，晚上还是由父母自己来带。不但要慎选保姆，而且要时常用心，留意小孩子有没有什么可疑的地方，多给小孩子一些爱的补充。若是有必要，当然也可以在家里请佣人，来帮忙处理家务。这时候父母对待佣人的态度，应该十分谨慎，力求合理，才不致造成子女错误的观念，养成子女不良的态度。对待佣人，既不可作威作福，把佣人不当人看待；也不可以过分亲近，使佣人受宠得意，忘记了他是谁。

对待佣人作威作福，其实是常见的现象。父母认为自己是主人，对佣人有提供工作机会的恩惠，当然看不惯就大声责骂，或者故意摆臭架子，给佣人脸色看。佣人受到这种屈辱，也会偷偷地报复在子女身上。当父母不在家的时候，佣人想尽办法作弄子女，对子女的照顾马马虎虎，甚至有虐待小孩子的情况。子女看到父母作威作福的样子，如果也依葫芦画瓢，也会和佣人产生不愉快的纠纷。

有人说现代佣人难请，请都请不来，怎么敢对他们作威作福？那么，换过来讨好佣人，巴结佣人，和佣人过分亲近，也会造成不良的结果。子女看父母对待佣人那么好，认为佣人和父母一样可靠，因而完全接受佣人的教养，成为一般富有家庭衰败的主要原因。

第三，父母不要呼朋引友，在家玩乐吵闹。

父母对子女的言教，是一种直接的教育方式。父母的言行举止，看在子女的眼中，听在子女的耳朵里，就成为间接的教育。

我们或许以为，大人们的交往是大人世界的事情，和孩子无关。我们的活动，孩子既看不懂，也没有兴趣来关心和参与，因此可以放心做大人们爱做的事，不必过分理会子女的反应。这种不正确的观念，使父母常常在不知不觉中教坏了子女。

我们必须提高警觉，间接的教养比直接的更为有效。家庭中的活动，对子女的教养具有决定性的影响。

对父母而言，有时候找找刺激消磨时光也是人之常情，因为人生在世难免嫌弃平淡，不甘寂寞。于是呼朋引友，在家里吃饭饮酒之余，高谈阔论还嫌不够，还要唱卡拉OK，或者打打麻将，跳跳迪斯科。但是，我们有没有想过，家中幼小的子女，在这种耳濡目染的情况下，将来长大以后，会产生什么样的后果？

父母偶尔想要和朋友聚会，想要玩乐吵闹，最好到外面去，不要在家里，当着子女的面。让家里保持一种和乐宁静的环境，对教养子女有很大的帮助。

同样打麻将，日本人就不在家里打，我们是不是也应该避免？有些父母声称为了“解闷”而置子女于不顾。要知道子女的教养，才是父母一生当中最大的“赢注”，如果沉迷于麻将或娱乐，而输掉了子女的前途，那才是最大的输家。

第四，父母对亲友干扰其子女的教育，不能计较。

我们发现有些父母，坚持自己对子女的教养原则，不喜欢亲戚朋友的建议和干扰，认为那样一来会搞乱了阵脚，使子女的教养产生凌乱和矛盾，对子女不好。

其实，这种看法是不正确的。因为亲友的关心，不但不能避免，反而可以促使子女早日接触到不同的观点和方式，对于长大以后多元化的社会更能够适应。

父母不可能完全禁止子女和其他的人交往，当然更不可能禁止和亲友的来往。不同的亲友，对教养的主张并不相同，父母如果加以计较，必然会制造纠纷，不但自己和亲友闹得不愉快，子女也会觉得奇怪，为什么非如此不可？

把家庭环境弄得太理想化、太单纯化，对子女也会产生防疫力减弱的缺点。长大以后，很容易被社会上的恶势力所欺骗、所操纵，对子女将来的适应力非常不利。

面对亲友各种不同的教养意见，父母不必当面加以阻止或计较，却应该私底下向子女说明为什么会这样，如果能够把不同的地方加以分析比较，相信更能增加子女的了解和信心。当然，对于实在难以接受的亲友，可以采取敬而远之的方式，保持安全的距离。

第五，父母万不得已，需要组成小家庭，也应该常常带子女回家探亲，养成子女乐于和家人团聚的习惯。

由近亲走向家族，是中国家庭的一大特色。我们的原始家庭，也是一对夫妻和未婚子女的小家庭，叫作核心家庭。核心家庭向上下、左右的方向延伸就成为复式家庭，叫作家族。核心家庭是近亲，复式家庭成为家族。这种由近亲走向家族，主要的原因是一家人的心理和感情，一方面可以避免老年的时候家里没有儿孙吵闹的寂寞，另一方面也能够在比较多数的家人当中，培养出一两个比较会读书的人，来实现“耕读之家”的愿望。耕读耕读，就是有人生产，也有人读书的意思。能读书的人专心读书，不能读书的人可以耕田生产，大家互助，对子孙的教养有很大的帮助。

父母实在不得已，必须搬出去单独成为一个小家庭也应该常常带子女回家探望亲人，以增加家族之间的联系，养成子女和家人团聚的习惯，也可以增进家族的团结和互助，也就是小家庭仍然能够维护大家族的好处。

家庭布置要保持简朴整洁

我国家庭除了重视由小家庭的近亲走向大家庭的家族之外，更重视由生物性的满足走向文化性的结合。中国人很早就知道用文化将生物性现象和行动隐藏起来。我们知道任何动物都有生物性的生理需要，所以鸟也有巢，兽也有窝。但是人类有家，不但为了生育、保护和生存，而且形成家人的分工合作，产生家庭文化。

文化有无形的，也有有形的。前面所说的夫妻之间做好父母的决心，亲友之间对教养的影响，都属于无形的部分。现在我们要关心的，是有形的部分，其中十分重要的就是家庭的设备是不是合理。

对于家庭设备，我们提出事前改善胜于事后补救的观念，宁可事先考虑得周全一些，从教养子女的角度来思考，免得事后产生不良的影响，还要极力加以补救。

我们同样提出五大原则，请各位参考：

第一，住家不求大，但求够用。

有人说家里永远少一个房间，不管有多大，总觉得不够用。所以我们提出“住家不求大，但求够用”的原则，主要是希望我们不要顺着欲望走，住家的房子，大还要求更大，因为人的欲望是无止境的，再怎么大，总是觉得不满足。不如反过来想，不求大，只求够用。把心思从房屋的大小格局，转换到温馨、和谐、愉快的家庭环境上面，让子女身心健康，快乐成长，比房子的大小更为重要。

够用不够用，实际上很难评估。真正使用起来，大多有不够用的感觉。可见要求真正够用相当困难，大抵是勉强够用，也就差不多了。我们不希望住家大的原因：一方面是单纯购置房屋已经不容易了，如果再要求大，有很多人根本做不到；一方面也是为了防止子女住惯了大房子，以后住小房子会非常难过。倒不如先让子女住比较小的房屋，多少受一些束缚，对子女更加有帮助。

房屋太大，整理起来要花费很多时间，不整理又会脏乱，不利于子女的成长。所以够用就好，不要求大。

第二，一切家具，不可以奢侈，要求其合用。

人的生活水平，由节俭进入奢侈，很容易适应；由奢侈重返节俭，那就十分困难。所以家用的家具，最好不要豪华奢侈，以免养成子女舒适惯了的生活习惯，万一长大以后遭遇困境，要过比较节俭的日子，反而十分辛苦。

家具的选用，最好依据三个主要的原则，那就是**安全**、**舒适**、**合用**。

安全第一，这是父母必须紧紧掌握的原则。父母不可以用规定这样，规定那样，来维护子女的安全。特别是子女还小的时候，父母更应该把子女的安全当作父母的责任，而不可以把安全的责任放在子女的身上。

要求舒适，原本是生活中的一种要求。在工作之余，舒适地坐卧，休息之后再来勤奋地工作，也是一种好事。家具使用得舒适一些，对家庭的温馨和谐愉快，应该有很大的帮助。舒适而不奢侈，这是选用家具的第二个原则。

安全不安全，应该比较容易认定。舒适不舒适，比较不容易认定。所以第三个原则，便是合用。因为各个家庭的情况并不一样，合用不合用的标准也不可能一致。父母必须考虑自己的条件，确定自己的合用标准来选用所需的家具。

第三，如果可能的话，婴儿要有自己的睡床，儿童也要有自己的房间。

孩子在出生后第一年的经验，会决定他的成长和自我意识。在婴儿出生时，一般欧美家庭会先布置好婴儿房，让婴儿一开始便单独睡在自己的房间。婴儿不和父母睡在一起，以免影响夫妻的生活，这是欧美人士的主张。中国人并不这样，我们婴儿出世后，多半就跟父母睡。如果父亲担心婴儿晚上啼哭吵闹睡不好觉，第二天上班精神不振，那么父亲就会单独睡，让婴儿和母亲一起睡，以方便照顾。现代中国人大多采取折中的方式，让婴儿睡在自己的小床上，但是仍然和父母同一个房间。

要培养子女独立的精神，用不着一生出来，就急于让他独立。一步一步逐渐放手，一阶段一阶段逐渐养成独立的习惯，比较合乎人性。我们的目标是“独立中有依赖，才能够与他人合作；而依赖中有独立，才不致迷失自我”。人毕竟是合群的动物，过分独立，会产生和别人格格不入的感觉，反而不好。

长大成为儿童以后，尽可能让他有单独的房间，一方面培养比较独立的习惯，另一方面也可以及早训练一些整齐、清洁的习惯。即使没有办法让子女拥有独立的房间，也应该在家里腾出一个属于子女的空间。

第四，子女要有做作业的桌椅，以及共同使用的书橱。

“工欲善其事，必先利其器”，要求子女按时做好作业，当然要给他准备做作业的桌椅，让他养成坐下来、静下心来做作业的习惯。

从小培养定时、定位的习惯，可以减少许多事前、事后的麻烦。所以书本用具应该有固定的地方可以放置，拿动以后必须物归原位，以免东找西找，既浪费时间，又影响情绪，有时还会引起纷争。

刚开始的时候，大家共同使用一个书橱，分配好各人的定位。一方面有分享的观念，另一方面也有守分的约束。当然，共同维护清洁，更是教养的重点之一。

希望子女将来有成就，必须及早布置优良的读书环境。最好在家中开辟一处空间，专供子女游乐阅读。购买一些《植物世界》《动物奇观》《海底探奇》《太空宇宙》《人体奥秘》等这一类的书，放在阅读室里，供子女翻看；也可以买一些益智性的玩具，以培养良好气质，使子女的智力获得良好的启发，对日后的生活必定有很大的帮助。

如果不能够布置阅读室，最起码也要让子女有一个做作业、读书的地方，至少替他安排一套合适的桌椅，大家共享一个书橱，使子女养成定时、定位读书做作业的良好习惯。

第五，家庭布置要简朴，经常保持整洁，不可以设置酒吧之类的设施。

家庭的摆设到底是为了什么？这是一个重要的问题。为了展示自己的财富？为了显示自己的地位？还是为了正常的生活？如果答案是为了正常的生活，既不是展览，也不是炫耀，那么家庭的布置，最好是明亮的、顺畅的、舒适的、安全的，并且是合用的，一切以简单朴素、容易保持整洁为原则，不一定要豪华，更不可以奢侈。

有些家庭的客厅里摆设着豪华丝绒大型沙发，酒柜上陈列着世界名酒，而墙壁上还嵌着彩色明镜。请问，生活在这样的环境中，怎么能够轻松自在呢？

为子女提供适合成长发展的家庭环境，是父母的责任。父母要有生养教导的观念，一层一层向上提升。生只是生育，把子女生下来，并没有什么了不起。养是在物质上供应子女的需要，已经比较困难。教是教育子女明辨是非，做一个有用的人，相当不容易。导是以身作则，循循善诱，把子女导入正轨，成为一个堂堂正正的人，当然非常困难。一般的父母，能生能养，已经是很难得，要想进一步教养子女，在精神上作为子女的导师，必须十分谨慎，有时候还需要克制自己的欲望，约束自己的言行，就像酒柜、酒吧这一类的东西，都不能摆设在家里。

现在，我们请各位再来反复思考本章中所提出的三个问题，看看有没有什么新的发现？

❶ 夫妻之间应该如何相处，才能有利于身教？
❷ 实际的情况怎么样？
❸ 有什么应该改善的地方？
❹ 亲友之间的往来，应该采取什么样的态度？
❺ 实际的情况如何？
❻ 最好如何改善？
❼ 家庭中的设备，最好采取哪些原则？
❽ 实际的情况如何？
❾ 应该如何改善？

第三章

父母怎样扮演各种必要的角色

从前主张男女分工，父要严而母要慈。

现代雌雄同体，父母都应该有严也有慈。

性别的距离可以逐渐加以拉近，甚至互相更换。

有时候父亲也做一些母亲常做的事情。

但是大体上说起来，父母还是有分工的必要，

父母各自扮演不同的角色，比较容易发挥。

父亲是保安员、职业顾问、运动教练、交友顾问、学科辅导员。

母亲是保健员、经济顾问、家务教练、生活顾问，也可以辅导学科。

对子女来说，父母的态度应该是一致的，还是稍有不同比较好？换句话说，父母扮演同样的角色，还是扮演不同的角色，对教养子女比较有效？

一般来说，在要求子女达成某种目标上面，父母最好采取一致的态度，而在要求子女达成某种目标的方法上，父母可以扮演不同的角色，使子女比较容易接受。

首先，父母在道德判断的标准上要先取得一致的看法。子女在父母面前，究竟能不能够嘲笑老师或者同学？如果父亲认为应该尊师重道，不可以嘲笑老师；至于嘲笑同学，不妨当作一种笑料，增加一些生活乐趣，他并不反对。但是母亲的看法不一样，认为在背后嘲笑人家，根本就是一种不正当的行为，不管是老师还是同学，都不可以嘲笑。父母在这种道德判断的标准上，如果不能达成一致，子女对父母就会逐渐失去敬意，甚至产生困惑，因为子女知道，顺了父亲的意思，就会伤害母亲；而照着母亲的想法做，父亲也会不高兴，因而手足无措，不知如何是好。

同时，父母的道德规范，最好也要一以贯之，不要自相矛盾。今天认为嘲笑同学是不好的，明天却又和子女一起嘲笑他的同学。这种随着情绪起伏来改变道德规范，会教养出脑筋不清楚的子女，影响到他的一生。

有些父母，当心情愉快的时候，子女做什么都是对的；当心情不愉快时，子女做什么都是错的，常常弄得子女莫名其妙。父母取得一致的道德规范，而且不因情绪起伏而改变，这是父母的一致性，对教养子女朝向同一个目标非常有帮助。

当父母没有办法对某种道德规范取得一致的标准时，最好的方法是向子女说明，两人之间的差异性在哪里，为什么有不同的看法，并且让子女自行思考、判断，无论偏向任何一方，父母都不会加以惩罚。这样，子女不但可以学习采取不同角度来思考问题，并且知道怎样合理地处置不同的意见，在差异性当中寻找合理性，反而是一种良好的训练。父母千万不要固执于自己的看法，使子女为难，甚至威胁子女一定要按照某一方的意见去思考，增加子女的痛苦。

但是，在教养子女的态度和方法上，父母不妨扮演不同的角色，譬如父严母慈，或者父亲对外，母亲主内之类的分工，只要目标一致，标准相同，在态度和方法上多有不同，有时反而更能彼此配合，收到更好的效果。

想想看，在教养子女方面，父母的角色应该怎样扮演？是一致呢？还是各自不同？父亲的角色有哪些特性？母亲角色又有哪些特色？

各位思考之后，请先将下列问题的答案写下来，然后再接着看下面的说明。

❶ 父母的角色应该怎样扮演?

❷ 父亲的角色有哪些特性?

❸ 母亲的角色有哪些特性?

父母的角色分工

前面说过，父母在教养子女的目标和标准方面，最好达成一致，至于教养子女的态度和方法，父母最好扮演不同的角色，才能够在分工中密切配合。

男主外、女主内看起来是一种相当古老的观念，但是不可否认，这却是一种十分普遍的想法。因为它很符合分工合作的原理。分工是依据男性和女性的不同特性，而合作才能够各尽所长，各避所短，得到共同满意的结果。

现代妇女，有很多反对这种主张，认为现代妇女的工作和活动已经打破了家庭的界限，和男人差不多，传统的男主外、女主内，以及男尊女卑、男强女弱的观念早已经不合时代的潮流。现代人男女平等，内外的事情男女都有能力负担，不可以也不必要硬性规定男主外、女主内，这才符合男女平权的精神。

这些现代的观点，在逻辑上十分正确，在理论上也很有道理。但是在实际教养子女上面，常常产生一些不好的现象，譬如父母互相推卸责任，因为既然没有明确的分工，谁都可以做，当然很容易把责任推给另一半，子女看在眼里，听在耳朵里，耳濡目染的结果，是不是也会养成推卸责任的习惯呢?

基于分工合作的原理，我们仍然主张父母分工，各自担负某些重要的责任和扮演的角色，有利于子女的教养。不过我们提出一些补充条件，比较符合现代的精神。

第一，不一定固定以男女的性别来划分。可以男主外、女主内，也可以女主外、男主内。依据这一对夫妻的实际情况，做机动的调整，只要双方同意就可以。

第二，内外的区分，也不必硬性规定。凡是家庭以外的事，或者对外的事，全叫作外；凡是家庭以内的事，或者对内的事，全都叫作内。这是以前的说法，那时候很容易划分，现代情况有很大的改变，内外不容易区别，最好采取协议的方式，重新加以划分，一方面配合夫妻不同的性格和习惯，另一方面尊重双方的自由意志，共同商量决定。因为事实证明，家中有许多种事情，由女性来承担，比男性方便而有效，有很多优点。事实也证明，外面有许多工作，由男性来承担，比女性更加方便，也更为有效，有很多优点。把硬性规定改成自愿承担，心理上会更加乐意，做起来也更加积极，更能够提升分工的效果。

第三，分工的原则，应该以全家人的利益作为考虑的依据，而不是以自己的利益为重。中国人讲求“成全”的美德，如果对全家有利，即使对自己有一些牺牲，我们为了成全大家，也会十分乐意去做。

有了以上这三个原则，男主外女主内有了现代化的内涵，我们对于父母的角色，提出五大要领，请各位参考：

第一，父母应该扮演不同的角色，一个比较强健，另一个比较

柔顺。一刚一柔，比较容易配合。

按照刚柔并济的自然原理，夫妻之间，固然希望有刚强而勇于负责的丈夫，也希望有柔顺而善于协助的妻子，彼此分工合作，密切配合，以求家和万事兴。在父母的角色扮演上面，我们同样希望父刚强而母柔顺，子女才不会由于父刚母刚而觉得难以承受，也不致因为父柔母柔而无所畏惧。子女过分刚强，将来可能处处碰壁，十分苦恼；子女太过柔顺，将来可能到处受欺负，令父母痛心。

有一些母亲，凡事私底下和父亲商量之后，在子女面前总是说：问问爸爸，只要爸爸答应就行。把最后决定权让给父亲，以身作则，让子女都尊重父亲。先把父亲在家庭中刚强的地位建立起来，再由父亲来要求子女尊重母亲。这一刚一柔，很容易使子女学习到刚柔相济的道理。

第二，父母应该视实际情形，更换角色，有时候也可以扮演各种不同的角色。

男主外女主内之所以受人诟病，主要是性别固定、内外固定，似乎有重男轻女的嫌疑。如果男女的性别角色可以适时更换，父母的角色也加以多样化，情况就会完全改变，不再那样僵化而刻板。

我们已经说过，现代男女平等，并不一定要父刚母柔。有时候基于实际情况的需要，父母的角色可以互相调换一下，偶尔出现母刚父柔的一面，让子女开开眼界，使他们也体会一下同一个人有刚有柔的变化，对子女的性格有良好的影响。不过角色的更换，必须基于合理条件，譬如母亲外出工作时，父亲偶尔扮演一下母亲的角色，为了做得好，使家人更加愉快，因而才自愿把这些工作承担起来。

父母有时候也可以扮演一下老师的角色，和子女讨论学校中的课业，指导子女做作业。这时候父母必须暂时忘掉自己的父母身份，表现出老师的教学态度，不可以忽然间恢复父母的角色，使子女觉得不像个老师，因而不愿意接受父母教学。父母自己应该明白，角色扮演就是暂时把自己的身份隐藏起来，以所要扮演的身份来代替，才能够演什么像什么，收到角色扮演的效果。

第三，父母不能够扮演小丑或警察的角色。

不错，现代父母除了把衣、食、住、行、育、乐准备妥当，提供子女物质生活的条件，并且用心教导子女为人处事的道理以外，还应该更进一步，和子女保持合理的亲情。

合理的亲情就是说父母和子女之间，能够互相尊重、彼此关心，并且充分信赖。

为了建立这种合理的亲情，我们认为父母的角色可以变换，却不应该出现小丑或警察的角色。因为我们希望子女从小要养成体贴父母的习惯，经常从父母的脸上察言观色，在父母的举动上寻找预兆，虽然这些并不是容易做到的事情，但是及早养成这些习惯，对于培养彼此的合理亲情有很大的帮助。父母一旦扮演小丑的角色，子女容易放松察言观色的心情，久而久之，和父母之间丧失了合理的距离，以后父母再怎么暗示，子女都不在乎，势必迫使父母严厉指责，反而影响彼此的感情。至于扮演警察的角色，把子女当作嫌犯或犯人来侦办，同样容易伤害父母和子女的感情，应该加以避免才好。

第四，父母不应该对人宣扬自己子女的聪明能干成绩好，也不要对别人诉说自己子女的不是。

有人说，赞美是神奇的魔力，多一份鼓励，少一点责备，可以增加子女的自尊心和自信心。这种话当然有相当的道理，不过父母鼓励子女、奖励子女，也应该讲求合理的方法，尤其不应该对别人宣扬自己子女的聪明能干，或者夸奖子女成绩良好，以免养成子女骄傲、爱出风头的坏习惯；也不应该当着别人的面前，诉说自己子女的不是，以免伤害子女的自尊，使其没有面子。

私底下鼓励和指责，公开场合尽量避免做这一类事情，让子女自己去表现，父母最好不要刻意激励他们。

第五，父母的角色，有以上这些相同的原则，也有一些不一样的变换。

我们以下要分析的，是父亲和母亲在家庭中教养子女方面应有的配合，最好能够依据实际的情况，变换自己的角色。

父亲应扮演的角色

总体来说，父严母慈是父亲刚强、母亲柔顺的一种表现。具体而言，父亲应该经常扮演的角色，有子女的保安员、子女的职业顾问、子女的运动教练、子女的交友顾问，以及选择某些学科，作为子女的课程指导员。

第一，父亲要做子女的保安员。

社会治安不断恶化，子女的安全问题愈来愈受到严重的威胁。父母必须更加提高警觉，来保护子女的安全。父亲应该教导子女自我保护的方法，教子女不要轻易相信陌生人的话，对于陌生人转达父母的话，应该打电话证实才可以相信。不搭陌生人的车子，上下学、上街买东西都要结伴，最好上厕所也避免单独行动，以免歹徒有机可乘。有陌生人来访，不可以轻易开门。当别人询问家中电话或作息情况时，不要随便告诉人家。不要接受陌生人的金钱和东西，自己的身体也要避免让陌生人接触抚摸，以免被施放药物，对自己不利。外出时要向家人告知去处，随身携带哨子，遇到危险时吹哨子求救。像这些自我保护的方法，父亲要经常提醒子女，必要时加以演习，养成子女随机应变的习惯。

子女幼小的时候，父亲最好能够亲自接送子女上下学。实在有困难时，也要确实了解子女上下学的情形，是不是安全，要不要设法和其他家长互助，或者特别请托儿所老师妥为照顾？毕竟子女年幼不懂事，没有办法维护自己的安全。随着子女的成长，父亲应该适时教导他们不同的安全防卫方法，以确保子女的安全。

第二，父亲要做子女的职业顾问。

父母疼爱子女，就应当为子女的长远着想，不可以只顾眼前的安逸。子女迟早要自立，有一天也要自己设法养家糊口，所以对于职业的选择必须慎重。

明智的父母，不要费心为子女留置产业，因为子女可能因此而争夺遗产，反而弄得兄弟姊妹不和睦。家产丰厚容易成为别人嫉妒的对象，就算子女具有真才实学和美好的德行，别人也不一定会相信，如果有一些错误，大家就会群起攻击，更加不利。历来高贵、富有的门第，到头来都是不可靠的，如果子女不知道自立的重要，一心只想依赖父母，而父母又尽力为子女增置产业，子女就会成为无德无行、百无一能的寄生虫。父母也不可以在就业的道路上，为子女谋求特殊的待遇，也就是一般所说的走门路，以免养成子女的依赖性。

现代父母，虽然还是有人望子成龙，但是终究愈来愈少了。现代父母已经明白望子成才比较牢靠，对子女更有实际的帮助。积财千万，不如薄技在身，现代父母大多能够丢弃子女代代做官的念头，却能够教养子女成才立业。所以父亲担任子女的职业顾问，是鼓励子女成才立业的最佳途径。

第三，父亲要教导子女做运动。

健康是一切快乐的根本，对子女和父母都一样适用。我们常说父母的健康就是子女的财富，因为父母不健康，势必连累到子女，俗语说“久病无孝子”，便是很清楚的说明。但是，子女的健康也是父母的责任，因为子女不健康，同样会累垮父母，有时候弄得全家都不得安宁。一般来说，生活有规律多运动，身体才会健康。父亲应该教导子女计划一个规律的生活方式，按时起居，每天定时运动。而且运动的时候，不可以操之过急，应该适时适量，同时要持之以恒，才能够适当地控制体重，不致过分肥胖，以免影响健康。

子女从小养成运动的习惯，入学后自然会维持正当的运动。父亲只要随时留意，应该可以适时给予必要的指导。首先要慎选运动的项目，注意会不会产生后遗症，然后要研究正确的方法，以求达到良好的效果。

以正常运动作为亲子活动的一种，既可以增健体魄，又能够亲子沟通互动，父亲应该把它列为必要的职责。

第四，父亲要教导子女交友。

有些孩子会跟别人玩得很融洽很愉快，有些孩子跟别人在一起，往往不到几分钟就被人排斥，没有人愿意跟他玩，只好孤独地站在一旁，没有玩伴。这种被排斥的孩子，很显然是人际关系欠佳，也就是不懂得怎样结交朋友。

子女的社会经验不足，对人性的观察也谈不上透彻，好人坏人不会分辨，朋友的优点缺点也看不出来，父亲在这些方面要多提供给子女一些参考，找机会和子女交换交友的信息，讨论所交朋友的特征，并且从中加以指导。

子女把朋友带到家里来，父母必须表示尊重，亲切地招呼，但是要观察子女所交的朋友有没有不良的行为，不要让坏朋友带坏自已的子女。万一发现有奇特或不正当的行为，把真相弄清楚之后，要讲究技巧地和子女讨论解决的办法，不要用严厉的口吻禁止他们继续交往，以免引起反感而徒劳无功。

第五，父亲要分担教导子女课程的一部分责任。

把自己的家营造成为一个书香家庭，应该是大部分父母的理想之一。现代父母大多非常关心子女的教育问题，可惜常常把读书看成一种十分现实的事情，好像读书纯粹是为了应付考试、谋求职业的手段，因此不能够扎根落实子女的读书习惯。子女不爱读书，父母没有不心疼的，可是又没有办法让子女爱读书，骂没有用，打也没有用。

其实，当子女幼小的时候，甚至刚刚出生的时候，父母就应该好好计划，布置一个优美的读书环境，长期耐心地加以培养。同时，要记住小孩子是最会模仿的，父母多看书，小孩子就会学看书。在幼儿阶段，让子女多接触书本，看懂看不懂且不去管他，让他摸摸书本，翻动一下，和父母一起玩书，使子女对书本产生感觉。稍大之后，看图识字，奠定良好的读书根基。

子女逐渐长大，父母要分担一部分课业辅导的责任，不要把它全部交给学校老师或补习老师。父亲可以分担自己所喜欢或者所擅长的一部分课程，来教导子女，也是一种有意义的亲子活动。

父亲把所有家务通通推给母亲，子女看在眼里，可能产生“不喜欢做的事情可以不做”的错误观念。父亲发脾气的时候，子女更误以为“不工作还可以享有生气的权利”，坐在那里等，等不到居然还能够骂人，天底下有这么好的事情吗？

父母分担同一件工作，固然可以教导子女合作的习惯；父母亲分别担当不同的事务，也能够培养子女分工的观念。有时分担同一件工作，有时分别担任不同的事务，子女具有分工、合作的概念，在生活上有很大的便利。

一个家庭当中，父亲或母亲把所有的工作都扛起来，一方面带给子女不好的榜样，另一方面也会产生照顾不过来的烦恼，以致所有的事情都处置得不理想。

父亲分担一些家务，除了以身作则、做子女的好榜样之外，还可以减轻母亲的负担，使彼此的工作都做得好些。应该担任的角色，我们列举保安员、职业顾问、运动教练、交友顾问和某些学科的课程指导员，实际运作时，可以和母亲商量，交换其中的某些项目，并不一定固定不变。

母亲应扮演的角色

至于母亲方面，同样应该扮演好几种角色，在教养子女上提供很多的贡献：

第一，母亲要做子女的保健员。

父亲是子女的保安员，负责安全、警卫的工作。母亲是子女的保健员，负责健康、医疗的工作。

子女的健康，实际上从怀孕开始，母亲就应该负起责任，把胎儿照顾好。一般人只担心孕妇不能剧烈运动，以免引起流产或小产，却忽略了孕妇活动量少或者姿势缺少变换，会造成胎儿所接受的刺激不足，失去学习运用各种感官系统的机会。

健康的母亲，生下健康的婴儿之后，就要开始注意婴儿后天的食物营养，尤其要保持各种营养的均衡，每天按时给予良好的营养补给，这是母亲的责任。不得已请保姆照顾，也应该选择身体健康而且富有爱心的保姆，千万不可以交给有传染病或欠缺爱心的人，母亲也应该时常关心保姆给婴儿的食物是不是符合自己的标准。

马路上车辆很多，抱着幼小的子女在马路上走动，或者为了做生意而背着孩子在路旁工作，都很容易引起孩子铅中毒，长大以后会变得很迟钝，做母亲的应该极力加以避免才好。

总之，母亲必须小心子女身体的健康，有病一定要找合格的医师。子女有不舒服要鼓励他们明白说出来，才能够及时获得适当的诊治。

第二，母亲要做子女的经济顾问。

子女稍为长大以后，最好每个月给予固定的零用钱，培养他们自行处理的能力。给多少钱，可以由亲子双方商量决定，避免由父母单方面规定。给了钱以后，对于子女的开支，尽量少去过问，以养成独立的精神。

一般说来，学费由父母负担，生活费用由亲子商量决定，共同维护节俭适用为原则，是一种可行的途径。

不要给子女太多零用钱，以免养成子女乱花钱的坏习惯，一辈子受苦。有些孩子早上空着肚子，就买冰冷的饮料来喝，从小就患上胃肠病，弄得脸黄肌瘦、体弱多病。可见给子女合理的金钱，还需要给子女合理花钱的指导。我们常说要懂得赚钱，也要懂得怎么花钱，而且发现有很多人居然只懂得赚钱，却不知道怎样花钱才合理，便是从小缺乏这一方面的指导，长大了当然也不会了解。

不过问子女的开支，并不表示不给予适当的指导。这一方面，母亲可以扮演经济顾问的角色，指导子女如何分配，如何节制，尽量做到“当用不省，当省不用”的原则。让子女从小养成节俭的好习惯，一生受用不尽。

如果只是盲目地给子女太多的零用钱，而不善加指导，可能养成胡乱花钱或者奢侈的不良习惯，非常不好。

第三，母亲要教导子女做家务。

家务的意思，本来就是家庭内的事务，当然应该由家人来共同负担。有些家庭在这一方面出现十分不合理的现象，有人负担太多的家务，弄得日夜辛苦，还得不到一点休息；有人却很少做事，甚至完全不理会，整日游荡或睡懒觉。为什么呢？是不是因为一家人没有做好家务分配的工作，或者有分配而分配得不合理？

父母如果注意到这个问题，就应该从家务角色的分配做起，让每一个人都担负一部分家务责任。角色分配的意思，是指家中每一个人有一个合适的身份或地位，譬如母亲是家务总监，可以委派大女儿为膳食主管，小女儿为厨房助手，父亲为庭园管理者，儿子是清洁主管。这样一来，大女儿应该负责预备家中每日需要的膳食，并且指派某些厨房工作给妹妹。庭园的花木修剪，父亲要去负责；而每日的扫地和丢弃垃圾，便由儿子来承担。母亲负责洗衣工作，并且监察、督导家务的进展情况，还有其他的事务。

把家中重要的事务分门别类，一条一条列举出来，采取自愿承担的方式，共同商量分配的角色，以及应该负责的部分。母亲的主要任务，在于使家务操作产生分工合作的乐趣，而不是互相推诿，互相指责。

母亲教导子女做家务，必须掌握以己之长补别人之短的原则，使大家为了要补别人的不足，而更加乐意贡献自己的长处。愉快地分工合作，才是家和万事兴的基础。

第四，母亲要教导子女整洁。

有教养的女孩子，她的牙齿一定刷得洁白，指甲修得整齐，因为她们的清洁神经特别纤细，而且从小养成了良好的整洁习惯。

我们都知道整洁为强身之本，但是我们经常忽略了这些整洁的习惯，最好在很小很小的时候就养成，等到子女能够说话以后才来开始注意，往往已经太迟了。看到一些牙齿发黄或手指甲有污垢的女孩子，即使打扮得再漂亮，衣服穿得再考究，看起来仍是邋遢不堪，甚至给人一种心地卑鄙的感觉。嘴巴和指甲虽然只是人体的一小部分，却最容易表现出女孩子的心理状态。

从小养成“物有定位，保持整洁”的习惯，长大以后，无论穿衣、饮食、居住，都能够注意保持整洁，不但有益于子女的身心健康，而且能够受到别人的欢迎，增进人际关系，对事业的发展有很大的帮助。婴儿九个月到一周岁的时候，母亲可以陪婴儿玩一种“放进去”和“拿出来”的游戏。准备一个塑料的广口瓶和一些家用的物品来放进去又拿出来，拿出来再放进去。从游戏中让婴儿熟悉普通的家用物品，并且养成拿出来以后要放进原位的习惯。但是父母必须心中有个准备，这种游戏的效果不大，还是需要耐心地随着子女的成长不断地养成整洁的习惯。

第五，母亲要分担教导子女课程的一部分责任。

前面讨论父亲可能扮演的角色时，已经提到父亲应该分担教导子女一部分课业，现在我们要指出母亲在这一方面也负有同样的责任。

现代母亲所受的教育逐渐和父亲相等，而且又主张男女平权，在子女的课业辅导方面，正好可以和父亲分工，各自选择合适的课程，以求合作。

上面所说父亲和母亲的角色，原则上是可以互相调换的。我们并不认为以上所列举的父亲角色或者母亲角色是固定而不能改变的。我们反而认为父母双方，可以依据实际情况做合理的调整，只要两个人都愿意，甚至完全颠倒过来都可以。

父母扮演各种必要的角色，必须是基于家庭的整体利益而考虑，不能出于个人的利益，甚至有争夺权益的不正常念头。为子女好、为父母好，对大家都有好处，怎样分工合作，都是好的。父母两人好好商量，试行一段期间，再依据实际的效果做合理的调整，一定可以寻找出最为合理的分工，达到合作的目的。

父母有不同的角色，也有共同的任务，可以给子女一种分工合作的好榜样，使子女长大以后，更能够适应社会生活的需要。

母亲的角色，和父亲一样，可以机动调整，也可以和父亲配合着同台演出，收效更为宏大。

父母不必教训子女，因为一则子女不喜欢接受教训，再则常常教训就会变成老生常谈，失去新鲜感。父母可以通过角色扮演，利用子女在场时合作演出一出短剧，使子女以观众的心情来感受，因而获得相当的教训。

譬如全家团聚用餐时，父亲借着向母亲说明外界发生的事情，表面上说给妈妈听，实际用意却在教育子女。妈妈应该心知肚明，充分加以配合。如此一唱一和，假借他人发生的事情，转变成为教育子女的题材，用影射、转移等间接暗示，子女比较乐于听闻，因而也乐意吸取教训。

母亲也可以借用“上午你不在家的时候，李太太打电话过来，说她的女儿不小心吃了人家给的糖果，结果昏昏欲睡，差一点被坏人拐走，要不是老师刚好经过，及时救了她，恐怕现在已经不知道被拐到哪里去了”这一类的话，来提醒子女千万不要接受陌生人的食物。父亲听了，应该表现出相当的默契，说：“是啊，最近这种拐小孩的坏人，实在太可恶了，什么汽水、糖果、玩具，都很危险，听说喝了、吃了、碰到，都可能被麻醉。我们办公室的朱太太，她的儿子就差一点上当。”而不要当着子女的面，说什么“不会啦，哪有这么可怕的？糖果汽水，吃了会昏昏欲睡，不可能吧”，害得母亲设计了老半天，最后归泡影。

现在，我们请各位再来思考一下，前面所提的三个问题，看看有没有什么新的想法？

1. 男主外、女主内，有没有什么合乎现代生活的解说？
2. 实际的情况，能不能以“男主外、女主内”来分工合作？
3. 怎样进行最合乎实际的情况？
4. 本人的角色，有哪些特性？
5. 本人实际担当的角色，有哪些？
6. 另一半的角色，有哪些特性？
7. 另一半实际担当的角色，有哪些？
8. 双方的角色扮演，有什么应该改善的地方？

第四章

怎样了解子女的成长状况

每一个子女都是独一无二的，
每个孩子成长的过程都不一样。
从一出生开始，就具有相当的独特性，
不可以要求每一个孩子都一样。
父母观察子女的成长状况，
最好抱着照单全收的心情。
好也罢，不好也罢，反正事实就是这样。
以共同度过的方式让子女自然成长。

家庭就是社会，这句话怎么讲呢？对家庭中的子女来说，家庭是他们最早接触到的社会，也是他们学习适应生活的教育场所。父母是家庭中的领导者，同时也应该是子女教育的启蒙者。可惜多数父母却认为教育不过是读书识字，当然是学校的事情，父母只要把子女送到学校去，其他都是老师的职责。事实上，要想教育出良好的青少年，需要各方面协同配合，其中家庭教育更是一切教育的基础，特别是孩子幼小时期，初入小学就学的阶段，更需要家庭和学校密切配合，父母必须引导子女以喜悦的态度参与家庭生活和学校的各种学习活动，并且表现出热爱社会和大自然等等良好的行为，才可能为子女的一生成就打下良好而牢固的基础。

父母既然负有教养子女的责任，就应该先了解子女成长的状况，否则盲目给予指导，万一不适合实际的需要，反而害了子女，虽然说是无心的过失，也是十分危险的事情，千万不可以冒险，以免铸成大错。

子女的成长，不只是受到先天的遗传或者后天的环境任何一个单方面的影响，也不是遗传和环境二者的总和，而是遗传和环境这两种因素随着时间的发展不断地交互作用，每一个阶段有每一个阶段的变化。

父母的遗传基因，会对后天所处的环境中的一些刺激产生不同的反应，因而可以说每一孩子都有一些个别差异，不应要求每一个子女都达到相同的标准，更不应该将子女和别人的子女相比，要求他一定要达到和某某人的孩子一样。我们必须了解自己的每一个子女，他们都是世间唯一的、独特的，不能比较的，更是无法代替的。

同时，子女任何一个时期的发展都是上一个时期的延续，不但包含了上一个时期发展的内容，而且扩展到更高、更广的情况。子女的发展是循序渐进、连续不断的历程，每一个阶段，每一个程序都需要稳扎稳打，根本不可能越级或者加速步伐。特别在学前时期，幼儿更是一生发展的奠基时期，基础打得愈稳、愈扎实，将来的发展才能够愈宽广、愈高远。

成长发展的时候，还要注意整体的平衡，以免造成畸形发展，父母不但要重视子女的认知教育，也应该重视子女的生活习惯、生活能力、美好人格等等的培养，以求各方面都有良好的发展。

但是，孩子的成长父母不应该加以干预。我们必须了解，我们并不是上帝，没有办法规定子女一定要按照我们的理想来成长，依据我们预期的想象来发展。换句话说，孩子长得高矮、面貌如何，我们根本没有能力依照自己理想的样子来加以塑造，只好让子女自然地成长。

任何这一类的书本，上面所写的孩童成长的情形，都是一般性的、概括性的。每一个孩子实际的成长过程和书本中所说的难免有一些差距。这时候父母不应该大惊小怪，认为自己的子女有什么差错，有什么不对，或者发生了什么问题。每一个孩子都是特殊的，有他自己的饮食、睡眠、行动特性，这是十分正常的。父母必须顺其自然，让他自由自在地成长，因为子女原本就是上天所赏赐的，我们只能够欢欢喜喜地接受，老实说，不喜欢又怎么样？难道能够换一个？我们所能做的，不过是好好加以启发而已。

子女固然是父母所生，却绝对不是父母所有。中国人常说子女有两种：一种是报恩来的，一种则是报仇来的。子女到底是向父母报恩来的，还是向父母报仇来的，有一半是天生的，另一半是人为的。天生来报恩的子女，父母如果不好好加以教养，就会忘记了报恩的初衷，或者不知道怎样报恩而变成报仇的孩子。天生来报仇的子女，也可能由于父母用心教养，化解了原有的仇恨，反而更加孝顺，变成报恩的孩子。父母所给予子女后天的启发和诱导，很可能使子女自己改变原先的样子。对子女的成长状况加以了解，再设法让子女自行改变，是十分要紧的事情。

请各位想想看，父母怎样才能够了解子女成长的状况？是不是应该仔细观察子女的身心情况，再来加以判断？还是听信专家学者的指引，便信以为真？了解成长状况之后，是不是应该辅导子女适度发展呢？

思考之后，请先把下列问题的答案写下来，然后再接下去，看看应该怎么办比较合理。

1. 父母怎样才能够了解子女成长的状况？
2. 要不要仔细观察子女的身心情况，再来加以判断？
3. 还是听信专家学者的指引，或者阅读相关书籍的描述，便信以为真？
4. 每一个孩子都有不同的成长状况？或是每一个孩子都同样地成长？
5. 了解成长状况之后，是不是应该辅导子女适度的发展，还是放手不管，让子女自由成长？
6. 子女由父母所生，却不是父母所有，您的看法如何？

了解子女的成长规律

要了解子女的成长发展状况，最好先想一想：在子女的眼中，自己是什么样的角色？父母可以是子女心目中最亲爱、最温暖的父母，也可能是忙碌不堪、难得相处，只能够在睡梦中思念着的父母。子女会把父母当作良师益友，也可能把父母看作敌对的严厉监督者。

很显然，子女所期待的必然是经常陪伴着他们，提供温暖亲情、值得信赖、可以依靠的父母。父母在子女幼小的时期，最好能够让母亲辞去工作，专心在家教养子女，等待子女稍为长大一些，再恢复工作，因为就自然的法则来看，女性的存在，无可否认，有一部分是为了生育子女，既然生下来，就必须尽到教养的责任。男女平权，最好认清权利的性质不一定相同；权利平等，但是男女的权利具有不同的性质，不一定要求处处相同，完全平等。

女性就业，主要有两种理由：第一，丈夫的收入不够维持生活；第二，自己对某种工作有兴趣。现在第一种理由的比重并不很高，反而第二种理由愈来愈明显，那么养育、教育自己亲生的子女，难道还没有兴趣吗？

父母都应该用心了解子女的成长状况，但是现实生活的压力仍然很重，不可能同时辞掉工作，专心在家教养子女，所以商量其中的一个辞掉工作，应该是比较容易做到的事。至于怎样了解子女的成长状况，我们提出三个原则，说明如下。

第一，父母要了解婴儿、幼童、儿童、少年，以至青年身心正常的情形。

虽然说每一个子女都是独特的，和别人不一样的，不可取代的，但是一般来说，每一个人都可以大致划分为婴儿期、幼童期、儿童期、少年期以及青年期，作为父母教养子女的不同阶段。而这些不同的时期，也可以归纳出一些指标来判断子女的身心发展是不是正常，还是需要做一些特别的辅导。

譬如不到一岁的婴儿，只要拿到东西，就会放到嘴巴里是一种正常的现象；如果到了六岁以后，仍然维持这种嘴巴和手的联合作用，而不能分辨哪些东西可以放到嘴巴里，哪些东西不能，父母就应该教导他，不能够视为当然而不去关心他、辅导他做适当的选择。

和正常情形相反，叫作偏差行为。有一些偏差行为是不需要父母操心，经过一段时间就会自然消失。譬如小孩子的尿床、好动、注意力不集中、吸吮手指头，大约每一个3～8岁的学前儿童，都会产生5～8种不同的偏差行为，叫父母十分头痛。但是长大以后，这些毛病都不见了，我们把这种偏差行为当作正常的小问题，而真正要操心的是另外的偏差行为，那就是不正常的大问题。譬如尿床，四岁以前，一周超过两次以上，也算是正常的小问题；而四岁以后，一周超过两次以上，那就成为不正常的大问题，要特别加以关心、调整了。

正常、不正常并不是绝对的，而是相对的，在某一个阶段、某一个年龄在某些场合所发生的频率，才是判断正常不正常的依据，应该好好加以比较，不可以胡乱断定。

第二，父母应该分别就可能的途径，多方面学习有关子女各个成长阶段身心发展的知识，既不可盲目听从，也不要全部相信书本。

市面上有关介绍子女成长状况的书很多，可惜大多是从西方，特别是美国翻译过来的。我们不是说这些书写得不好，而是中西文化原本有很大差异，我们所要教养的是中国人，而不是美国人，所以在阅读的过程中必须慎重选择，不能够照单全收，结果把自己变成外国人的父母。譬如欧美的父母给子女穿比较少的衣服，夏天往往只在婴儿身上包一片尿片，什么也不穿。我们担心子女受凉，多半会给小孩穿多一点衣服，到底怎么样才算是正常的现象，恐怕是按照我们自己的方式比较好些。

西方的孩子，跌了一跤，自己拍拍灰就站起来，不但不哭，连哼都不哼一声，就算跌破了皮，自己走回家，找一块胶布贴上去，也就没事。这种行为，在中国社会是正常的，还是偏差的行为？中国的孩子，跌跤了不会自己爬起来，他懂得赖在地上，号啕大哭，父母才会跑上去把他抱起来，又是拍灰、又是问疼、又亲又哄，不知道你觉得这样正常不正常？

我们建议不要盲目听从人家的经验，也不可以完全相信书本所写的东西。最好先打定主意，要教养出什么样的子女，才能够分辨在他们成长的过程中，哪些是正常的情形，哪些又是不正常的现象。多学习还要加上多思考、多判断，才不会受害。

第三，父母对于这些知识，应该慎重地选择，正确地运用，以求真正了解子女成长的状况。

父母常常怀疑：我这样做究竟对不对？这是由于自己的价值观并没有确立的缘故。教养子女，必须先确立自己的价值观，才有办法正确地了解子女成长的状况。

譬如有的青少年独立得早，很快就离开学校去工作；有的独立得晚，一直留在学校里。你觉得哪一种比较正常？这样答案只有你自己的价值观可以决定，任何人都没有办法来代替你做判断。

依据自己的价值观，把听来的、看到的有关子女成长状况的说明加以慎重选择，才能够明白，站在我们家的立场，子女怎样成长发展才算是正常的。

子女虽然是上天托付给父母生育、教养的，并非父母所有，但是既然托付给我们家，身为父母的，就有权按照自己的价值观来教养子女。只要切记“自作自受”的原则，“我们家”的标准，父母自己有权制定，形成不同的家风，也是父母子女互动的一大乐趣。

子女在3～5岁的阶段，是人生的重要时期。这个阶段的子女，最喜欢跟父母作对，叫他向东，他偏向西；叫他向西的时候，他又偏偏向东。这种情形，在发育成长的过程中，是正常的现象。但是3～5岁这一期间的行为，又会影响到子女的一生，往往一辈子都不容易改变，可见非常重要。问题是作对的范围有多大，才算正常，可能是每一对父母都有不同的看法，这就牵涉到父母的价值观。

童言无忌，无忌到什么程度；有话直说，直说到什么样子。父母的标准必须先定好，才有办法辅导子女。所以了解之前，要先有一套衡量的标准，定好尺寸，才知道什么是合理的成长状况。

全心接纳自己的子女

对于一般人的成长状况有所了解之后，再来用心观察自己的子女，从他们的实际身心状态，发现合理的辅导或处理方法，然后付诸行动，便是教养子女的必经过程。

观察子女的成长状况，最好抱着照单全收的心情。因为子女出生的时候，已经带来一些生理上和心理上的特质。有的特质是父母所喜欢的，有的却是父母所不喜欢的，但是好坏都是自己生的，天底下十全十美的又不多，只能统统接受，照单全收。

准备好照单全收的心情，父母还要以共同度过的方式，真正地和孩子在一起。我们常常觉得花费很多时间在子女的身上，但是心理学家认为花多少时间并不如实际为子女做了些什么那么重要。花多少时间是量的计算，有没有真正地和孩子共同度过，才是质的衡量。

譬如婴儿笑的时候，父母也跟着他笑，彼此产生交流，才是共同度过；否则婴儿笑的时候，父母虽然坐在一旁，却各看各的书，或者一起看电视，根本没有注意到，这样的相处对婴儿并没有意义，因为不能真正地交流。

孩子逐渐长大，父母要通过游戏来分享彼此的经验。因为孩子的生活重心就是游戏，幼儿教育多半在游戏中进行，便是寓教于乐。从游戏中引导孩子去学习他们所需要的经验，唯有在亲子共同欢乐中，我们才知道孩子实际的成长状况。这时候父母还要更进一步，常以笑容来鼓励子女表现真实的言行，我们才明白子女的真实一面，才有办法观察到子女的身心情况。

以照单全收的心情，采取共同度过的方式，客观地观察子女的成长状况，这时候还要注意三个原则，说明如下。

第一，父母要亲自观察子女的身心情况，不要随便听信别人的说法。

有些父母不习惯自己去观察子女的言行，却喜欢相信佣人、宾客或者亲戚的说法，便认定自己的子女真的是这个样子。其实佣人、朋友或亲戚的价值观根本和自己的不太一样，而且他们的观察也不见得准确，实在不应该太过相信他们的说法才对。比较复杂的家庭，继母或继父对孩子的评价往往居于偏心或成见，并不正确，当然更不应该相信。

对子女来说，父母也是独特的、唯一的、不可替代的，子女希望和父母在一起，更希望彼此有真正的交流，产生温馨的气氛。在父母面前，子女是天真无邪的，一切言行都没有伪装，只有父母亲自去了解，才能获得真实的情况。对别人的评量和建议，最多作为参考，不可尽信。

第二，父母观察子女的身心情况，要有适当的方法。

了解子女并不是要揭发他的隐私，因为揭穿隐私，只会让子女难堪，造成僵局，甚至让子女不得不用说谎来维护他的自尊。父母观察子女，不能够马上把观察的结果说出，必须先加以包容和尊重，再找机会和他讨论。

父母观察子女的言行，不可以只凭一两次的发现便妄加判断，以免错怪了子女，让子女觉得冤枉而难以接受。耐心地观察子女的优点和缺点，对子女的优点，私底下要给予鼓励；对子女的缺点，应该加以有效的指导。

观察子女的行为，主要在于了解他的动机是什么。但是动机是看不见的，任意猜测，也不见得猜得准确，所以最好的方法，就是多用耳朵，听听子女在说些什么。许多父母喜欢面对子女滔滔不绝地讲话，很少去听子女说话，这种方法只会制造亲子之间的紧张和冲突，使得两代之间更加不能够互相了解。

父母用心听子女的话，才能够从子女所说的话中听出他的动机，以便进一步了解他的言行真正的用意是什么。子女把心中的困扰或问题说出来，对父母了解子女有很大帮助。父母耐心地听子女说话，并且适当地重复着子女的一句话或者几个字，便能够引导子女说出更多的话来。譬如子女说“我不要去”时，父母不妨重复说“不要去”，子女往往就会顺势说出“不要去”的原因。

引导子女说出更多的话，这时候父母必须设身处地地站在子女的立场上设想，如果自己是子女的话，会不会也有同样的感受？父母观察子女，应该结合子女的年龄、性别和所处的场合，以将心比心的心情来加以体会。经由听话，通过自然的讨论，应该是观察的有效方法。光凭眼睛，一眼就要看穿子女的心，并不是好办法。

第三，父母观察子女的身心情况，不应该限于特定的时间和地点，而应该比较广泛地观察，以求得普遍的了解。

专门在特定的时间和地点来观察，容易引起子女的伪装，用瞒骗的方式来掩饰自己的言行。随时随地观察，将不同的结果加以比较分析，才能够了解子女的真实情况。观察结果相同的，要追究为什么相同的原因；而观察结果不相同的，也应该找出不一样的理由，这样，才能够真正了解子女的成长状况。

父母对观察子女身心情况的结果，必须保守秘密，不应该顺口就说出来。因为观察子女，并不是为了寻找缺点，而是要设法加以合理的辅导。如果一旦发现缺失，马上把它说出来，可能反而增加辅导的困难，对子女有害无利，所以不能够这样做。

隐恶扬善，原来是一种美德，可惜一般父母在对待自己的子女时，不但没有发挥这种美德，反而常常背道而驰，不惜挖人疮疤，把子女的自尊心重重地伤害了。

和子女共同成长

父母必须了解子女的成长状况，才能够适时给予合理的指导和照顾。了解的过程，从观察开始，通过沟通来促进了解，然后还要加以适当的处理，才算尽到父母的责任。这时候父母最好抱着“和子女同步成长”的心情，一方面了解子女，另一方面也自我学习。因为子女不断地成长，而内外环境也持续地变化，父母不可以用一成不变的观点来观察子女、了解子女。必须抱着和子女共同成长的心态，一方面教导子女，另一方面也向子女学习，这样更容易达成亲子间的和谐，使子女变得更容易教养。

整个观察、了解和处理的要点，简单说明如下。

第一，父母要找时间尽量和子女在一起活动，以便观察子女的成长状况。

父母不应该借口忙碌，忽略了对子女的教养。和子女在一起，也不是形式上在一起就算了，而必须是实际关心子女。对子女关心，并不是在生日那一天买很多礼物给他，而是平时的沟通、了解和互助。父母不论多么忙碌，也应该抽出时间，跟子女聊天，从沟通中观察最有效果。

要教养子女，必须投入时间和心血。最好的办法，是耐心听子女发表意见。子女再小、再不懂事，有意见总是好事，听他的意见才能够明白他的心事。

子女的意见如果和父母一致，可以鼓励他、称赞他，以增强他的信心。如果不一致，必须加以疏导、沟通，不能责骂他、取笑他，不能严格规定他要接受父母的意见。在可以接受的范围内，尽量尊重子女的意见，子女才会乐意和父母沟通。

和子女沟通，不要忘记用心观察他的言行，暗地里分辨他的言行是正常的或者偏差的，这样才能够合理给予辅导。

第二，父母发现子女的身心发展有问题，要私底下记住要点，请教专家、医师，或者有经验的父母长者。

父母如果发现子女的身心发展有问题，千万不要慌张失措，把它张扬出来，以免影响子女的心理。譬如父母第一次听到小女儿说出“我讨厌姐姐”这一句话的时候，多半相当吃惊，为什么常常教导她们姊妹要相亲相爱，一家人要和好合作，而小女儿居然会说出这样可怕的话来，是不是她的身心发展出现了问题呢？

父母听到这种话，当场十分愤怒，指责妹妹不应该有这种错误的念头，有效吗？即使态度相当缓和，好好地和她讲理，恐怕也没有什么用。最好的办法，还是不要马上发作，暗地里把她的想法记下来，先回想一下，在自己的成长过程中是不是也有类似的经验？兄弟姊妹在一起，哪里不会吵架，难免彼此嫉妒。在年幼的孩子心中，常常强烈地意识到兄弟姊妹是分掉父母对他们的注意和爱的敌人，有时候故意拧妹妹一把，踢弟弟一下，看到父母又气又急，更加证明父母是偏心的，更加下定决心，要找机会给弟弟妹妹好看。

父母不妨利用机会，把这种情形和专家医生或者有经验的父母长者交换意见，获得比较良好而有效的方法，再来开导自己的子女，可能会比较安全。因为像这一类的事情，父母如果处置得当，对于家人之间的了解和良好关系的促进会有很大的帮助。

第三，父母发现子女的身心发展有问题，千万不要慌张失措，以免影响子女的心理。

像刚刚所说的那种问题，父母如果慌张失措，到处张扬小妹妹讨厌姐姐，这还了得，反而增加姊妹之间的关系紧张，使得问题更加恶化，增加处理上的困难。

父母自己稳定下来，让子女有发表自己感受的机会，听听看妹妹为什么会说出“我讨厌姐姐”这种话的原因。她也许说“姐姐每次偷偷地拧我的腿，拧得好痛，我告诉妈妈，她又不承认”，父母不可以马上叫姐姐来当面对质，弄得场面更加尴尬，将来姊妹更加不和。

父母可以这样说，姐姐拧你什么地方，让我看一看。然后告诉她：你的运气还不错，起码比我好，想起我小的时候，我的姐姐也常常拧我，我所受的伤比你还要严重。我当时年纪小，不懂事，只是怪姐姐不但不疼我，还要找机会偷偷地拧我。后来我长大了，才知道姐姐很疼我，她是因为我太会撒娇，看不惯我那种样子才拧我的。有时候妈妈护着我，她气得不得了，妈妈一走开，她就跑过来拧我。相信小妹妹听着听着，慢慢会体会到姐姐的心情，因而谅解姐姐，甚至也会逐渐注意自己的行为，以免过分刺激姐姐，替自己找苦头吃。

用自己的经验来启发子女的思考，是一种常用的有效方法。等到小女儿有所领会，这才告诉她：“我知道你心里头的感受，每一个人都会有心情不好的时候，讲讲气话，本来没有什么，但是万一让姐姐听到，她一定会很伤心。幸好现在姐姐不在这里，她没有听到，我们以后不要再讲这样的话。妈妈也会想办法让姐姐知道，不应该拧妹妹的腿，以后你就不会受苦了，这样好不好？”

父母心平气和，用爱每一个人的心情来化解子女的身心问题，才是好办法。

第四，父母发现子女的身心发展问题，不能急着要解决，最好给他一段时间，让时间来发挥作用。

俗语说：欲速则不达。任何问题都需要一些时间来处理，急是没有用的。往往愈急愈使得问题僵化，增加处理的困难度。

我们不要忘记，在子女幼小的心灵中，父母是他们的典范，是他们模仿的对象。父母情绪平稳，自尊自重，子女自然会体会到井然有序、有条不紊的家庭生活。父母急躁不安，遇到问题要求马上解决，丝毫没有耐性，也将成为子女的坏榜样，这是为人父母必须小心避免的。

父母再三希望子女不可以闹情绪，凡事要按部就班，要求父母的事情，要给父母一些时间，现在反过来，却控制不了自己的情绪，叫子女怎么消受得了？

父母耐心地教导子女，对自己培养平心静气的习惯也很有帮助。什么叫作耐心？就是让子女逐渐改变，一天一天有进步，父母就值得等待下去。时时提醒自己“不要急”，“再给他一些时间”，就不会为子女的事情而气急败坏。父母有耐心，子女才有安全感，不紧张，反而容易改变过来。子女有一些问题，并不是短时间马上可以解决的，有时候要经过较长时间的训练，才能收到良好的结果。时间可以解决很多问题，一定要有耐心。

第五，父母发现子女的身心健全，只能乐在心中，不必对外宣扬，以免反而害了自己。

少责备、多鼓励，子女的自尊心和自信心才会慢慢培养出来，这是大家都知道的道理。但是多鼓励也要有原则，也需要讲求方法，才会产生良好的效果。

做父母的，必须避免以自己的喜怒来作为赞美和责备子女的标准。有些父母高兴起来，就称赞子女、鼓励子女；一旦生起气来，又将子女骂得一文钱不值，让子女觉得父母只是为了自己的喜怒情绪的发泄，而不是真正关心他们。

有些父母，喜欢在众人面前夸耀自己的子女，把子女当作一种成果来炫耀，这也是一种只顾自己不顾子女的自我行为。子女如果不以为然，认为父母言过其实，根本是夸大不实的炫耀，他会觉得很不愉快。子女如果认为父母所说的是事实，自己当之无愧，他会觉得骄傲而自己也跟着炫耀起来，结果不知不觉中引起别人的嫉妒，搞坏了人际关系，还不是自己倒霉。

社会上有一些人喜欢自吹自擂，把自己膨胀得很厉害。请问，你会不会喜欢这样的人？喜不喜欢和这样的人在一起？父母到处替子女吹嘘，子女模仿父母的作风，也会到处吹嘘自己，这对子女十分不利。

子女身心健全，父母当然内心高兴，但是乐在心中就好，不必要说出来，这才是真正关心子女的表现。最重要的是，身心健全的子女，也很容易变得身心不健全。世界上的事情道理其实是相通的，由不健全变成健全比较困难，由健全变成不健全比较容易。父母知道子女身心健全，更应该提高警觉，未雨绸缪，预防子女一不小心，又产生偏差的行为。有人认为不健全的子女需要教导，健全的子女大可放心，让他自由发展就好，这种观念是不对的。父母心目中，子女是永远长不大的，不是小看他，而是随时提醒他，要保持现状，并不是容易的事，必须时时改善，才能维持健全的现状。

看了这些说明之后，我们重新来思考本章前面所提的问题，看看有没有哪些不同的想法。

1. 怎样了解子女成长的状况？
2. 自己子女的成长状况如何？
3. 和专家学者或书本所说的，有哪些特别不同的地方？
4. 每一个孩子都是独一无二的吗？
5. 怎样辅导自己的子女？
6. “我们家”的价值观是什么？

第五章

怎样采取适当的管教方法

《三字经》说得很清楚：
“养不教，父之过；教不严，师之惰。”
父母管教子女，原本是天经地义的事，
然而稍微不慎，就会落得虐待儿童的罪名。
因为孩子是上天所托付给父母的，
父母施以适度管教，才不辜负上天的美意。

教子要趁早，一个人的发展，幼年时期是奠定基础的重要阶段。三岁看大，六岁看老，六岁以前就要好好教养，什么习惯、语言、技能、思想、态度、情绪，都要在这个时期打好基础。父母疼爱子女，必须爱之以道，既不可溺爱，也不能偏爱。父母对子女的要求，总是给予满足，完全放松而不加以限制，叫作溺爱，把子女宠成大少爷、大小姐，甚至娇生惯养，成为小皇帝，长大以后，既娇纵又懒惰，必然成为废人一个，岂不是害了子女？父母重男轻女，或者在子女当中，特别喜欢哪一个，叫作偏爱。于是遭受冷落的子女，心灵上受到很大的伤害；而受到偏爱的子女，同样平日养成很多坏习惯，也受到很大的伤害。

可见爱的教育，也需要讲求方法。管教的方法正确，效果才会优良，方法不正确，效果不可能良好。

最使父母内心不安的，其实就是到底要用什么方式来管教子女才算合理。尤其是听到儿童心理学家的主张，认为父母绝对不可以打孩子，那糟糕了，不是不打不成器吗？怎么忽然又说不能打呢？

我们好像一想到管教方法，马上会想起该不该打的问题。其实，该不该打不成问题，答案十分简单，应该打就要打，不应该打当然不可以打。所以我们不必去讲可以打或不可以打，我们应该研究的是为什么打，如何打才有效。

没有人会赞成打骂教育，但是完全不打，禁止打骂，恐怕也不是最好的管教方法。

不错，一味打骂只能造成子女精神上的恐惧和怀恨，巴不得躲得远远的，父母还能教他什么，管他什么？爱的教育，才能够抓住子女的心，但是，我们并不反对偶尔打打子女的手心。因为必要时让子女尝到一些苦楚，会帮助他记住要时时管好自己。手心以外，其他的部位是不能打的，盛气之下乱打一通，万一造成伤害，可能会后悔一辈子。打头、赏他一巴掌、打屁股，都不要尝试，以免父母自己养成坏习惯。

管教的目标，通常定位在父慈子孝、兄友弟恭，而这些都是互动的，并不像一般人所说是固定的。时代变迁，只能说慈、孝、友、恭的内涵变动，并不能说从此变得不需要慈孝友恭了。

做父母的，最不负责任的表现，莫过于用一句“时代改变了”，便把教养的责任推卸掉。时代改变，教养的目标并没有变，除非慈、孝、友、恭不属于“我们家”的价值范围，否则不可以因为“别人都放弃了”，便轻易改变“我们家”的价值观。

家风是要传下去才叫作家风，一旦传不下去，家风随时可能消失。代代相传，必须每一代人都担负起“传承”的责任。到了哪一代中断掉，这一代的人应该觉得惭愧，对不起祖先啊！

一提起管教，父母就会相当困惑，常常自己问自己，甚至有时候也会问人家：“我是不是太严格了，我是不是太放任了？”好像父母管教子女，不是太严格，便是太放任，很不容易找到中庸之道。

管教太严格，容易造成畏缩、内向的孩子，他们在行为上比较顺从、小心，依赖性也较强。

管教太放任，容易造成不受拘束的孩子，在行为上比较随便、大意，独立性也比较强，好像爱怎么样就要怎么样。

欧美社会比较鼓励自由、独立，没有父母希望自己的孩子胆小、依赖性强，所以多半主张自由放任的管教方式。虽然有学者极力为欧美辩护，但是实际比较起来，中国父母更加警惕，万一管教不力，孩子就会变成报仇来的，非常可怕，所以大多管得严格一些，认为不琢磨不能成器。

最近有一个非常明显的倾向，就是小孩子的礼貌和规矩愈来愈差，愈来愈没大没小，证明我们的社会愈来愈西化，也可以说父母愈来愈个人主义，只顾自己而不管教子女。这种现象值得我们警惕，更值得我们改善。

请各位想想看，父母管教子女，要遵守哪些原则？依据这些原则，应该采取什么样的态度？运用什么样的方法？

思考之后，请先把下列问题的答案写下来，然后再接下去，看看应该怎么办比较合理？

❶ 父母管教子女，应该遵守哪些原则？

❷ 依据这些原则，应该采取什么样的态度？

❸ 依据这些原则，最好运用什么样的方法？

管教子女需要把握原则

父母管教子女，要有一定的原则，才不致自己乱了阵脚，让子女觉得莫名其妙而难以适应。

在确立原则之前，我们先提出三个总策略，作为确定原则的规范，请各位参考。

第一，父母要以真诚的关怀，站在子女的立场来确立管教的原则。

教养子女的主要目的，在于帮子女了解、适应他所处的环境。中国人有中国人的环境，外国人有外国人的环境，在世界观、伦理观、价值观方面都多少有些差异。譬如我们讲求敬老尊贤，就不能够因为美国年轻人不像中国年轻人那么懂得敬老，便怀疑我们管教子女，是不是应该学习西方社会，还是按照中国的传统。

为子女设想，帮助他了解中国社会，适应中国人的环境，不要强迫他长大以后一定要做美国人，这是父母管教子女的基本策略。

有一些在美国生育、教养了一段时间的子女，回国以后不能适应学校生活，逼得父母不得不再度把子女送到国外当小留学生，这便是刚开始的时候，没有确立这一个基本策略的缘故。

第二，所确定的原则，必须明确向子女说明，让他们明白原则的内容和目标，并且共同商量进行的步骤。

经过适当的沟通之后，更应该表明坚持这样做的决心，子女如果违反这些原则，除非有正当理由，否则绝不放过。

既然站在子女的立场来确立原则，就没有不可以向子女说明的理由。让子女知道为什么要这样做以及非这样做不可的决心，对原则的实际运用有很好的帮助。子女明白父母的用意和坚持的决心，自然会更加小心，一起遵守原则比较有效。

第三，原则确定之后，所有子女都要一视同仁，不能有所偏爱。

一家人不分彼此，共同依循原则，才能够家和万事成。父母绝对不可以因为子女的聪明才智不同，容貌的美丑不一样，对父母的态度不一致而有偏爱某个子女的现象，以免引起子女之间的不平。

基于以上所说三大基本策略，我们提出五个原则，作为管教子女的准则，请各位看过之后，再依自己的观点加以调整，以确立自己的原则：

第一，父母管教子女，要依据实际情况，确定一些原则，并且和子女沟通，让他们充分了解。对于年纪幼小的子女，也要用最简单的话说给他听，帮助他理解。

这些原则，可以包括：（一）不纵容、不溺爱；（二）不过分要求；（三）不过分保护；（四）不前后矛盾；（五）不虎头蛇尾；（六）不恐吓、不威胁；（七）不冷落、不疏忽；（八）不冷嘲热讽；（九）不存心虐待；（十）不吹毛求疵。

也可以包括：（一）教子女守规矩；（二）帮助子女建立正确

的金钱观念；（三）培养子女读书的兴趣；（四）建立子女正确的时间观念；（五）让子女养成勤劳、节俭的习惯；（六）鼓励子女做家务；（七）培养子女的爱心；（八）激发子女的创造力；（九）训练子女适度的独立；（十）帮助子女正常发展。

无论是消极的约束，还是积极的提醒，父母都应该通过理性的思考，和子女沟通，以确立教养的原则。

第二，父母管教子女的原则不能太多，要抓住重点，子女才记得住，容易配合。

管教原则必须获得子女的充分配合，才能有效。原则太多，子女记都记不住，很难完全遵守。所以父母所确立的管教原则不能太多，让子女充分了解，比较容易配合。

第三，父母管教子女的原则，可以区分为共通的和个别的两大类。

共通的管教原则，适用于所有的子女，不论男女不论大小，完全相同，一概通用。譬如父母对子女的爱心，不能因为子女的性别、长幼、美丑而有所差异。

个别的管教原则，适用于不同的子女。譬如管教的方法，对男女大小应该有不同的区别，同样处罚最好也要适应子女的个别差异，而采取不同的方式。

第四，每一个家庭有每一个家庭需要的原则，但是确定之后，必要时仍然可以改变。

家庭背景不同，所需要的管教原则也不一样。书香家庭和工商家庭的教养方式，当然有一些差异，要求做到一致，根本不可能。

不过做父母的可以好好商量，要不要改变现有的家庭文化氛围，依据理想来确定家庭的教养原则，同样可以塑造出崭新的家庭作风，教养出和家庭传统不一样的子女。

既定的家庭教养政策、管教子女原则，由于环境的变迁，子女性格的特性或者父母理想的改变，照样可以通过和子女的沟通，来加以适当的改变。

自古以来，家风也不是一成不变的。同样的价值观，也会因时代的变迁而调整其生活方式。以不变应万变，便是价值观不变，但是所衍生的各种因应环境的方式，仍然可以改变。

第五，任何情况下，要改变原则，最好先通过比较清楚的沟通，让子女心理上有充分的准备，比较容易适应。

父母说变就变，子女会觉得十分困扰。不是说得好好的吗？为什么变成这个样子呢？子女心中如果产生“为什么昨天可以，今天就不可以”的疑惑，便会对父母的管教失去信心。

但是父母仍然保有紧急情况下先改变再沟通的权力，以训练子女的应变能力。子女完全不能适应父母的紧急改变，将来长大以后，在社会上也会承受不了突如其来的压力。同时，紧急改变也可能考验子女对父母的信心，不能完全舍弃不用。

有时间，先沟通后改变。紧急时，先改变后说明。两种方式适时使用，可以教导子女明白“有所变、有所不变”以及“适时应变”的道理，子女非学习不可，也非适应不可。

管教子女应保持正确态度

有合理的原则，还要表现出合理的态度，才显得父母言行合一，而且说到做到，给子女树立良好的榜样。

家庭固然可以看成小社会，但是家庭毕竟和社会不同，而且父母管教子女和政治无关，所以不必拘泥于民主或专制。换句话说，父母管教子女，不能够用民主或专制这一类政治性的形容词来加以规范。

无论如何，父母是一家之主，爱子女绝对不能放纵子女、溺爱子女。父母对子女一再容忍、妥协并不是好的态度。父母有权认定这是我的家，一切都要按照我的规定，这才是父母的尊严和气魄。父母生存的目的，并不是一天到晚做良父良母，父母也是人，也应该追求自我肯定和自我满足。父母爱子女，也应该爱自己，事实上只有充分爱自己的父母，爱到自己全身都充满了爱，才可能有多余的爱来爱子女。父母除了管教子女之外，还有很多的事情要做，他要奉养自己的父母，照顾自己的婚姻和事业，以及追求自己的理想，所以父母有发脾气骂人的自由，也有表现喜怒哀乐的权利，而这些都是子女必须加以尊重的。

上天把子女托付给“这一家”，寓有希望子女按照“这一家”的教养态度而成长的用意。教养出不同的孩子，才能够满足社会上多元化、多样化的需求。父母爱护子女，子女也应该充分尊重父母的教养原则和态度。

孔子从来没有否定过体罚，也从来没有主张过体罚，这才是中国人既不反对也不赞成的标准态度。孔子知道父母也是人，有发脾气的时候，有不讲理的时候，赞成体罚，子女不被父母打死才怪；否定体罚，子女不被宠成小恶霸才怪。孔子只有告诉做子女的，记住一条原则：小杖则受，大杖则走。既不能气死老爸，又不能陷老爸于不义，这不是两全其美吗？

父母既然生育了子女，就应该努力陶冶自己的性情，端正自己的习惯，作为子女恒久而有力的模范和指南。父母不应该只顾自己，一碰到头痛的事情便大吵大嚷，闹得全家鸡犬不宁。父母也不应该自我陶醉，认为子女长大了，一切问题自然会解决，多少子女就是在这种鸵鸟式的态度下被害得一生痛苦不堪，而父母还未必知道。

怎样才算是合理的管教态度？以下是五大要领：

第一，父母管教子女，要经常保持温和的态度。

体罚子女，是一种不得已才采用的方式。因为父母责打子女，无形中会教导子女养成打人的行为，将来遇到忍无可忍的时候，就会出手打人。而且父母体罚子女，也可能伤害子女的尊严和自信心。

父母对子女的态度，是影响子女长大以后人际关系的重要来源之一。子女从父母对他的态度，学会了对待别人的态度。父母对子女的态度，如果充满了关怀和爱，任何事情都以坦诚、幽默、互相尊重的方式来沟通，对子女的优点，父母能够欣赏并且私底下给予适当的赞赏；对子女的缺点，父母也能够接纳并且协助他改进，将来子女长大以后，在人际关系的互动过程中，就会获得比较良好的效果。为了陶冶子女的爱心，父母必须以爱来引起子女的共鸣。

所以经常保持温和可亲的态度，才是真正爱子女的表现。子女看到父母温和的态度，产生安全感，觉得父母在关心他、接受他、了解他、支持他，而不是在怀疑他、支配他、控制他、排斥他，子女反而比较容易接受父母的教导，比较不会产生盲目抗拒的心理。

第二，父母管教子女，需要严厉的时候，应该采取严厉的态度。

平常十分尊重子女，一旦严厉起来，甚至体罚子女，子女才会觉得父母是真正的关心他、爱他，否则为什么会生气到这种地步？

平日温和可亲，必要时十分严厉，子女才能够体会到“打是疼，骂是爱”的道理。当幼小的子女，能够说出“小丽天黑了还在外边玩，她妈妈都不骂她，我知道她妈妈一定不爱她”这样的话，她已经充分体会到自己的父母更加爱她。

严厉到必须体罚的时候，父母应该注意三大原则，那就是：（一）尽量让父亲来执行体罚，因为一般家庭，母亲和子女相处的时间比较长，用父严母慈来管教，应该比较方便而有效。（二）应该体罚就要马上执行，不然的话，干脆就说说道理算了。因为小孩子的记忆力大概过十分钟就记不得了，让孩子在不知为什么的情况下接受体罚，孩子不服气，会认为是父母心情不好，才迁怒于他，把他当作出气筒。（三）不必体罚时最好不要。若要体罚就应该让子女感受到痛的程度，他才会记得教训，才会收得到效果。但是，对幼小的孩子来说，小小的痛就能够收到大的效果，千万不要给予重的处罚，以免受不了，或者愈来愈皮。

第三，父母管教子女，绝对不可以嬉皮笑脸，或者讽刺辱骂，以免引起子女的反感，产生严重的反叛心理。

父母是子女模仿的对象，父母的行为逐渐成为子女应付其他环境的方式，将来长大独立，大多会走上父母所采取的途径。子女的基本习性，有很多是从父母而来。父母对子女嬉皮笑脸，子女当然也学习到这一套方式，对谁都嬉皮笑脸，让人看了心里十分难受。

大人之间，偶尔使用冷嘲热讽的方式，甚至恶言辱骂，还可以收到使对方知过必改的好处。但是用这种方式来对待自己的子女，情形就十分不一样。有一位父亲教他的儿子下棋，有一次当儿子失误时他生气地说：“我一辈子也走不出这样的棋步，你真是高明啊！”结果儿子从此不再下棋，任凭父亲怎么好言相劝，总是不肯再学。

讽刺辱骂只会伤害子女的自信心和自尊心，别无好处，父母最好不要使用这种方式。

第四，父母管教子女，尽量避免在他人面前，更应该避免装腔作势，长篇大论，使子女觉得厌烦。

父母管教子女能不能收到良好的效果，和父母是不是基于尊重子女的立场有十分密切的关系。父母当着别人的面管教子女，让子女觉得父母不尊重他，干脆来个“人来疯”，在客人面前和父母顶嘴，让父母难堪，其实是父母把他逼成这个样子，不能够责怪他。

父母管教子女的时候，装腔作势，让子女觉得父母并不是真正关心他、爱他。长篇大论更有可能引起子女的反感，反正听不完，干脆通通当作耳边风，一点效果都没有。养成这种似听非听或者充耳不闻的坏习惯，更不容易收到管教的效果。

第五，父母管教子女，最好标准一致，以免造成子女在父母之间投机取巧，养成坏习惯。

父母的管教态度，必须标准一致。母亲让父亲做主，并不表示她的标准和父亲不一样，而是同样不可以，但是只要子女承认错误，赶快设法补救，母亲可以不告诉父亲，不要让父亲生气。如果子女不认错，也不设法补救，那么母亲没有办法，只好告诉父亲，让父亲来处理。

如果父母的态度不一致，母亲认为可以的，父亲偏不接受；父亲认为合理的，母亲偏要反对，等于鼓励子女在父母之间有不同的行为表现，养成投机取巧的坏习惯，对人格的发展产生十分不良的影响。

管教子女应掌握方法

管教的方法不必一致，也不可能一致，因为每一个家庭的环境，每一个子女的需求并不相同，必须因时、因地、因人而制宜，甚至所面对的事情相同，也应该采取不一样的方法。原则相同，而方法不同，才能因个别差异，适应各种不同的需要。

中国人过去喜欢采用纪念祖先的管教方法，心目中有已经死去的祖先的存在，还要进一步继承祖先的遗志，使祖先的名誉和声望能够更进一步提升。因此管教子女，时常以祖先的遗教和愿望做教材，要求子女光宗耀祖。子女发生比较重大的错误，父母必须加以体罚时，就会假借祖先的名义，用家法来体罚子女。这种方法表面上看来好像是祖先崇拜，带有迷信的味道，其实并不是这样。我们分析它的优点，最少有下面三点：

第一，死人管活人，活人才不会没有面子而怀恨或产生报复的心理。对死人生气有什么用？怀恨死人、对死人报复，更是不可能的事情。

第二，父母并不体罚子女，而是为了怕对不起祖先，让祖先难过或蒙羞，这才不得不给予体罚，家规严格，父母也不可以违反，子女当然更应该受罚。

第三，父母的双手，是用来传达对子女的爱意和关怀，不能够用手掌来体罚子女，以免子女对父母的双手产生畏惧和不好的感觉，所以家法伺候时，大多用木板或小竹鞭，那是代表祖先的权威，和父母无关。

以“对不起祖先”来教训子女，不但可以增强子女对承先启后的责任感，而且还能教导子女“只能对死人跪拜，不必对活人跪拜”的道理，除了父母以外，对谁都不下跪，是不是更加安全？

对过世的人崇拜，不崇拜活着的人，将来子女长大以后，不致对活人盲目崇拜，迷歌星，追影星，任由政治人物指使，是不是更为成熟？

不管采不采用祖先崇拜的方法，我们在管教的方法层面，提出五大要领，以供参考：

第一，对婴儿、幼童，尽量采取协助、示范的方法。

一个人的自信心奠基在出生之后8～18个月之间，短短10个月的时间，对一生产生的影响最大。这期间，母亲是最重要的因素，而且几乎是唯一的因素，对婴儿的智能具有无比的影响力。

母亲在婴儿8～18个月这一段时期，不但要充分表达对婴儿的关爱，而且要通过示范、教导和协助的方式，严格要求婴儿遵守父母所订的规矩。

中国人常说教子女要趁早，早到什么时候？早到出生就应该开始，特别是八个月大到十八个月大的时候，更应该充分把握，好好地教导。

婴儿两岁以后，进入反抗时期，对父母产生强烈而且不断的抗逆行为。这时候父母除了继续采取示范、教导、协助等方法之外，必要时要施以轻度的体罚。当然，婴儿还小，必须慎选体罚的工具，因为对这样幼小的婴儿，小痛就可以收到大的效果，通常用小竹鞭在小腿上敲两三下也就够了，千万不可以过重，以免伤害婴儿。

从婴儿开始，就要教导子女服从父母的引导。服从并不是人的天性，而是后天学习得来的习惯。父母在这个阶段，不可以过分严厉，以免抑止婴儿探索四周环境的好奇心，将来更不可能有良好的创造力。父母必须耐心地一步一步引导，培养婴儿服从的良好习惯。

第二，对儿童、少年，尽量采取讨论、讲解、说明、批评等方法。

理想的状况，应该是子女9岁以后已经奠定良好的基础。随着他年龄日愈增长，自由自主的尺度愈来愈大，规定的要求愈来愈少，这时候不但体罚应该减少，而且最好的现象是10岁以后就用不着体罚。

体罚的真正目的，应该是为了达到不体罚的境界。小时候受小体罚，一辈子不必接受体罚，这才是体罚的最大功能。

从小就不知道被体罚的滋味，心中无所戒惧，以致长大后为所欲为，终致遭受重大的体罚，到底是什么人的错误?

父母对儿童、少年阶段的子女，最好避免直接式的管教，尽量采用讨论、讲解、说明、批评的方法，主要让子女建立并确立自作自受的信念，明白行为必然产生的后果，自己所制造的行为后果，必须由自己负起全部的责任，也就是自己必须对自己的行为负责，而无法逃避一切的后果。当子女不负责任的时候，父母必须让子女吃一些苦头，他才会吸取教训而及时改过。

愈早让子女明白“自作自受”的道理，愈容易养成子女自主、自律的习惯。经常以事实来证明自作自受，使子女知道一切后果都是自己所种的因，不必怨天尤人，对子女的管教有很大的帮助。

比较有效的方法，是通过讨论和说明，和子女共同设定明确的行为界限，制订合理的生活规划，作为新式的家法。子女在行为界限内享有相当的自由，但是一旦违反家法，那就没有什么好商量的，一概依照家法执行。

第三，对青年时期的子女，尽量采用自律、自主的方法，让子女先管好自己的行为。

青年时期的子女，应该已经从依赖父母的阶段变成一个成熟的大人，和父母建立良好的亲子关系，互相尊重而又互相帮忙。

父母如果拒绝子女长大成人，始终把青年子女看成不成熟的小孩子，那么子女也就永远长不大，让父母背负更大更多的责任，对亲子双方都有害无利。

管教子女的目的，不是为了管理子女的行为，不是为了要求子女服从父母的命令，更不是为了希望子女光宗耀祖，实际上父母是通过以上所说的种种过程，让子女充分学习独立生存和发展的生活方式，不过中国人所说的“独立”，是在家族中或家庭中独立，而不是离开走出式的独立。

青年时期，或者更早一些的少年时期，子女的同伴和荷尔蒙的影响已经开始取代父母的地位。一般父母都会抱怨子女愈来愈自我，甚至愈来愈自私。行为的粗鲁，宁可依赖朋友而不愿和家人沟通，更是父母难以忍受的事实。而青少年时期的子女，却也觉得父母所教导的道德价值，似乎都是过时的老古董，要不然就是虚伪的假面具。子女到了青年时期，父母最好退居顾问的身份，暂时不要有所作为，抱持“静观其变”的态度，先由子女自律自主，想不通时再来向父母请教，或者父母看出有什么偏差时主动给予辅导。

父母对于青年时期的子女，可以约法三章：

第一，凡是绝对不能违反的言行项目，通过说明和沟通，无论如何不可以触犯，没有例外，也没有理由可讲。

第二，凡是有限度的言行自由，把范围确定出来，由子女自行决定弹性遵从的尺度，父母不再干预。

第三，子女可以自行决定的事项，由子女自行斟酌有没有跟父母商量的必要。

第四，父母管教子女，要随机实施。

以上所区分的婴儿、幼童、儿童、少年、青年阶段，并不是固定而一成不变地采用某些方法。父母要依据子女的个别差异，做出合理的调整，并且随时实施机会教育，不必有所拘泥。

我们已经说过，每一个子女都是独一无二的，不要将他们拿来比较，也不可以采用同样的管教方法。随机实施不同的管教，才能够适应个人不同的需要。

第五，父母管教子女，要经常检讨，哪一种方法对哪一个子女有效，哪一种方法对哪一个子女无效，并且随时加以调整，以求有效。

方法的好坏，可以从所得的效果来评定。管教子女，有效是最关键的事情，所以选用合适的方法，非常重要。方法不对，常常觉得花费很多心力而效果不彰；方法合用，自然觉得轻松愉快。

有效的管教方法，永远是爱心的传达。父母的爱心能够传达给子女，让子女自然地感受，那就是有效的方法。

父母必须时常反省，所用的管教方法合适不合适，有没有更好的方法，而最要紧的便是所用的方法会不会伤害到子女，如果有这样的可能，必须赶快设法避免。

父母自己要先具有安全感，才能够平心静气地检讨管教方法的得失。缺乏安全感的父母，很容易感染给子女，使子女也觉得不安。父母从子女的不安，多少可以检查自己是不是缺乏安全感，先改变自己，再期待子女改变，应该是比较好的方法。

看了以上的说明，我们再来想想前面所提的几个问题，看看有没有什么新的发现？

1. 父母管教子女，最主要的原则有哪些？
2. 父母管教子女，最好采取什么样的态度？
3. 父母管教子女，最好采用什么样的方法？
4. 您主张“家法”式的管教方法吗？为什么？
5. 对体罚子女，您采取什么样的态度？
6. 父母双方在管教子女方面，有什么必须协调的事项？打算怎样改善？

第六章

怎样指导基本的生活技能

业精于勤而荒于嬉，

孩子整天嬉戏玩乐，长大以后怎么得了?

通过游戏，让子女学习一些基本的生活技能，

对孩子来说，游戏其实就是一种工作。

六岁以前的生活教育，

帮助孩子打下良好的生活基础。

因为人生最重要的就是生活，

生活技能丰富，生活才有情趣。

中国人一向非常重视生活教育，古人求学的目的，是为了增进自己的修养，使自己的生活技能可以利己也利人。后来由于读书人要经过考试，及格以后方可以做官，这才使读书变成应付考试的手段，从此读书人反而不重视生活技能，只知道死背一些东西，弄得五谷不分，生活上的事情都没有办法处理。

现代中国人，一定要改变这种读死书、死读书的错误观念，重新注重培养子女的基本生活技能，使他们能够处理自己的生活，以提升生活的质量。

当孩子十分幼小的时候，缺乏自理、自主的能力，这时候父母不得不代他处理生活上的细节问题，包括喂饭、更衣、上厕所、洗手、洗澡、刷牙、睡觉等等。但是，孩子逐渐长大以后，喜欢自己尝试，这时候父母就不可以因为已经习惯了代他处理，或者孩子刚刚尝试，动作慢、浪费时间，以及孩子尝试之后，反而增加许多收拾的麻烦，同时孩子刚刚学着做，常常处理得不好，因此干脆不让子女尝试，父母就替他处理了。

对大人来讲，这样做可能是好意，也可能为了少麻烦；但是对子女来讲，等于剥夺了他学习自理、自主的机会，使他失去了学习生活技能的机会。

所以说，父母太能干，样样都替子女处理得很妥当，子女就会变得很不能干，好像笨得连什么事情都不会做。

父母指导子女基本的生活技能，必须要有耐心，知道子女的学习免不了要尝试错误，帮他处理，不如让他自己先尝试一下，再帮他做一些善后的工作，这样能够让子女逐渐养成生活能力。

父母在能力、经验、智慧和需求各方面，都和幼小的子女不一样。一般说来，大人比较复杂多变，孩子比较单纯而接近人性的本能。父母如果放弃自己的成见，反过来欣赏子女那些纯真可爱的活动和处理事情的方法，有时候可以返璞归真，得到很多的反省机会，毕竟我们成年人受到复杂的社会环境的影响，已经失去原本具有的纯真，借着和子女在一起的时间，重新获得一些启发，是不是很有意思呢？有子女的好处，好像又多了这一个。

譬如说，让孩子开心，使子女快乐，到底对不对？古人说：业精于勤而荒于嬉。孩子从小开开心心、快快乐乐，会不会整天嬉戏玩乐，养成了坏习惯，长大以后没有什么成就呢？像这一类的顾虑，基本上是必要的，但是不能够完全站在大人的立场来思考。小孩子需要游戏，也需要快乐地长大。只要父母让孩子开心，给子女欢乐的时候，能够小心一些，不要忘记让孩子在游戏、玩耍当中学习一些东西，不可以纵容子女嬉戏玩乐而毫无所得，要力争做到中国人最为擅长的“兼顾”，做到在游戏中学习，彼此兼顾并重。

没有欢乐的孩子，不容易有快乐、达观的人生，不容易养成积极进取、奋斗上进的态度。但是，缺乏基本生活技能，孩子不容易建立良好的人际关系，也不容易发挥潜在的能力。父母若是一方面带给子女欢乐，另一方面从欢乐中教导子女一些基本的生活技能，培养健全合理的人际关系，不是兼顾双方面都同时实现目标吗？

现代的孩子每天大部分时间都在学校里度过，所以学校的影响力很大，但是学校的影响力大多在智识方面，生活技能还是要靠没有进学校以前的家庭教育。有人说，看见母亲就可以知道她的女儿，又说：讨媳妇要先看看她的妈妈。这主要是着重在生活技能方面，子女模仿父母的地方很多，所以说子女将来有没有生活能力，不能把责任推给学校，反而应该由父母来承担。

请各位先想想看，父母指导子女基本的生活技能，应该注意哪些原则？哪些是子女的基本生活技能？哪些又是非基本的生活技能？

思考之后，请把下列问题的想法写下来，然后再接着看后面的说明，看看有哪些相同的看法，有哪些不相同的看法，也好比较和综合一下。

1. 父母指导子女基本生活技能，应该注意哪些原则?
2. 自己在哪些原则上面，有很好的掌握? 而在哪些原则上面，还需要进一步坚持?
3. 哪些是子女的基本生活技能?
4. 自己的子女，在哪些基本生活技能上较强，哪些又较弱?
5. 哪些是子女的非基本生活技能?
6. 自己的子女，已经学会了哪些非基本生活技能? 应该如何改善?

指导子女生活技能的原则

首先，我们要把基本的生活技能和非基本的生活技能做一个比较清楚的区分。基本的生活技能非常多，譬如弹琴、绘画、摄影、缝纫、烹调、刺绣、种花、油漆、粉刷，等等。但是，最重要的还是一些和衣、食、住、行、育、乐相关的基本技能，也就是我们通常所说的生活习惯。

非基本生活技能也很多，譬如打架、吵闹、说谎、偷窃、大叫大嚷、捣蛋、争辩、不合作等等，这些生活技能，学会了不但没有好处，反而会带来很大的害处。可惜孩子很容易在不知不觉中学习到这些生活技能，又糊里糊涂地养成坏习惯，以致害己又害人，弄得大家都不得安宁。

父母最应该注意的是：我们常常不知不觉地教导子女一些基本的或非基本的生活技能，却硬要子女来承担所有的责任，这样做是十分不合理的。我们最好明白：子女的生活习惯显现了父母的教育成果。孩子的一些生活技能，都是生下来以后从父母那里模仿、学习而得到的，父母必须负很大的责任，而不是把责任通通推在子女身上。

婴儿刚刚出生的时候，什么都不会，一切都要依赖父母，否则没有生存的可能。人的依赖性可以说是先天的，无可奈何地成为人类的一种共同命运，一生下来就注定要依赖父母而生活。

随着年龄的增长，岁月的增加，孩子在日常生活当中学习到很多本事。会走、会跑也会跳；会说、会笑也会哭；会想、会选择也会嫌弃。孩子从两岁开始，就喜欢各种探索、尝试的活动。这时候父母就应该随机加以正确的指导，顺应着孩子这种希望从依赖中解脱出来，逐渐走向自主，要求自主的趋势，教导子女学习一些基本的生活技能，让孩子在尝试中学习，养成良好的生活习惯。

父母具有教导子女基本生活技能的责任，还要进一步研究教导的原则和方法，才能够收到良好的效果。我们提出六大原则，请各位参考。

第一，父母必须兼顾爱和教同时进行。

父母如果害怕别人认为他不爱子女，以致处处小心，为了要表现出对子女的爱，甚至到了不敢管教子女的地步，这样的父母一定是自私自利的，只顾自己的虚荣，一心一意要博得爱子女的好名声，却不顾子女一生的幸福，是不是自私到相当可恶呢？

爱就是合理的管教，父母一定要喜欢自己的子女，但是不需要期待子女同样无时无刻喜欢父母。有些父母怕失去子女的爱，以致什么都不敢管、什么都不敢教，终于宠坏了子女。有些父母情愿接受子女的威胁、勒索，一听到子女说："如果你不买电动飞机给我，我就不爱你了。"马上吓得要死，对子女百依百顺，培养出非常霸道的儿女，长大以后不但殴打父母，而且鱼肉乡民。

父母爱子女，就是要教导子女学习一些基本的生活技能，对那些非基本生活技能加以适当的限制。

第二，父母不能够干涉子女的愿望。

一般人对父母最不谅解的地方，就是父母常常以自己的愿望来代替子女的愿望，好像只准许父母有愿望，而不许可子女也拥有自己的愿望。子女变成父母愿望的实现者，这是不尊重子女的自私表现，同样不为子女所尊重。

父母应该把子女看成天生就具有各种情感和愿望的孩子，他们的愿望不应该受到任何限制，相反，都应该得到父母的承认和尊重。但是，正当的愿望可以获得实现，而不正当的愿望就应该受到限制。父母所能够限制的并不是子女的愿望，因为子女要怎么想，父母根本无从制止；父母所限制的是子女的行为，不能够做出这样的事情，目的在使子女明白，天底下不是我们爱怎么样就可以怎么样的，任何人都多多少少要受到某些行为上的限制。自由是建立在不自由的基础上的，遵守某些不自由的规矩，才能够获得相当的自由。

譬如四岁大的小华在客厅的墙壁上面画图，父母如果严厉地加以禁止，小华可能认为父母不许他画图，不是自己画得不好，而是认为画图是一件不好的事情。小华画图的愿望被制止，很可能画图的才能也被埋没了。父母如果拿几张纸给小华，告诉他："墙壁不是画图的地方，纸才是用来画图的。来，这些纸给你，在纸上好好地画，好吗？"尊重小华画图的愿望，却及时限制小华在墙壁上画图的行为，等到小华在纸上画图的时候，父母才动手把墙壁上的图画擦洗掉，逐渐改变小华画图的行为，而不干涉小华画图的愿望，这才是比较良好的管教方式。

第三，和子女共同商量限制和许可的界限。

孩子由依赖父母而逐渐自立、自主，是一件好事。父母如果能够帮助孩子自律，孩子能把自己管好，可以减少很多管教上的烦恼和冲突。父母只按他们自己的性情，规定这个不行，那样不可以，久而久之，只会使得孩子幼小的心灵产生一种自我怀疑的态度，为什么父母样样都说不行，什么事情都认为不可以，是不是我真的很坏很坏，坏到父母不喜欢我，不理我了？不让我摸这，也不让我试试那，这样的孩子当然不可能充满自信，也不可能身心健全、精神愉快。缺乏自信的人，容易产生自卑感，一旦受到强烈的刺激，很可能走上自杀或犯罪的歧途。

父母辅导子女自律，最好的方式是和子女共同商量哪些行为是可以接受的，而哪些行为必须受到限制？对于可以接受的行为，当子女提出要求时，父母马上答应，而且给予相当的鼓励；对于必须受到限制的行为，无论子女怎样要求，父母都应该一致地表示反对。只要态度坚定，说法一致，孩子就会死心而改变自己的要求。

凡是未经商量决定的事情，子女应该养成事先咨询父母意见的习惯，不应该在没有和父母商量之前便擅自做主，以免造成错误而后悔，也可以减少父母的操心。

孩子在长大的过程中，要挣脱依赖父母的阶段，当然要慢慢独立。但是孩子不可能一下子便独立起来，这当中充满了矛盾，一方面想挣脱父母的管制，要自由、要自主；另一方面他无论如何还是个孩子，心理上仍然需要父母的爱护和指导，受到委屈时更需要父母的安慰和鼓励。孩子在挣脱对父母依赖的时候，常常表现得过火，甚至不惜采取反抗的手段来向父母的权威挑战。他们以自己的眼光反过来评估父母的行为，有时候还会加以严格的批判。所以父母最好有耐心地面对孩子这种心理上的矛盾，按部就班地顺应子女要求自立、自主的趋势，阶段性地和子女共同商量限制和许可的界限，并且逐渐加以合理调整。

第四，通过家务的分担来指导子女基本的生活技能。

大部分父母都会要求子女分担一部分家务，譬如洗碗筷、扫地、倒垃圾、叠棉被、买零碎东西等等。子女不做或者做得不好，父母就会骂他们不负责任、缺乏责任感，常常弄得子女十分无奈，也愈来愈不明白不做家务和不负责任有什么关系？因为在子女的经验中，父亲经常不做这些事情，是不是表示父亲是家中最不负责任的人呢？

父母应该具有正确的观念，把家庭看成子女的教养处、生活技能的训练所，时常提醒自己，要使子女在欢乐的气氛中获得合理的教养和有效的训练。而教养和训练的最好活动，就是大家分担一些家务，在家庭事务的操作中学习生活技能，最能够教养出健全的子女。大部分孩子到了五六岁左右，都会热心做家务，不过他们并没有家务的概念，只是把家务当作游戏，做起来很快乐，也很乐意去做。父母应该因势利导，考虑孩子的能力，辅导他们做一些必要的家务，重要的是要让孩子喜欢做，保持兴趣，而非为了空洞的难以体会的责任感而做。

第五，父母不应该趁兴自我表现，使子女失去学习的兴趣。

能力强的父母常常一时兴起，极力自我表现，忽略了子女的存在，更剥夺了子女学习、表现的机会。有时候子女讨厌父母表现得太好、太出风头，为什么不能替子女想一想，孩子在父母身边有什么样的感受？孩子也希望从别人的眼中获得肯定，如果父母一直自我表现，永远当主角，孩子心中并不好过，甚至觉得自己太过无能，表现得太差，因而失去学习的兴趣，也不想把自己的能力表现出来。有时候发现家里没有他表现的余地，干脆向外发展，跑到外面去表现。

第六，教导子女基本生活技能要有计划、有方法。

父母指导子女生活技能，必须事前有充分准备，比如安排一种有趣的游戏，引导子女共同参与，从中学习到一些生活技能。父母的示范应该力求精确，使子女第一次做就能够做得正确，因为第一次做错了，以后要改变过来，往往相当困难。让子女自行尝试，不如先示范给他看，让他看得正确、看得清楚，自然第一次做就能做对，养成良好的习惯。父母引导子女，示范给他们看的时候，态度要愉快，让子女觉得他所要接触的、所要参与的是一种十分愉快的游戏，而不是辛苦、乏味甚至痛苦的工作。

子女的反应不好，学习态度不佳，或者学习成果不理想，父母都不可以打他骂他，因为体罚的结果，只有使子女更加讨厌这种游戏，产生畏惧的心理，对以后的学习增加很多障碍，并没有好处。

父母自己要先具有“人生最要紧的是生活。一切的一切，实际上都是为了改善生活，否则没有意义”的观念，自己体验生活，在日常生活中自得其乐。子女才会模仿学习，慢慢培养生活情趣，随着成长，逐渐成为懂得生活的人。

子女需要的基本生活技能

所有的生活技能都不是先天带来的，没有人生下来就会吃饭、洗澡、做家务。一个人的谈吐、衣着、工作和游戏，都是后天学习得来的，就算是啼哭、吵闹、打架、说谎、骂人，也都是生下来以后才逐渐学到的东西。

我们常说：管教要从日常生活做起，其实就是在日常生活当中，教导子女一些基本的生活技能。打从一天的早晨开始，怎样把子女叫醒，让他们自己洗脸刷牙，在餐桌上愉快地吃早餐，然后高高兴兴地上学去，这整个过程都是父母教导子女基本生活技能的最好时期，千万不要轻易放过。有些父母认为婴儿、幼童还小，不必太介意培养他们的生活技能。就是因为这样的误区，使得婴儿、幼童养成了一些不恰当的生活技能，经过一段时间的使用，永远记在孩子的心里头，不知不觉养成了坏习惯，等到长大以后再叫他改变，恐怕已经无能为力了。

凡事“慎始”，刚开始时就提高警觉，教给幼儿一些生活技能，并且一开始就正确地加以教导，可以收到事半功倍的效果。

人是习惯的动物，一旦养成坏习惯，有时费尽九牛二虎之力还改变不过来。在幼儿尚未感染到坏习惯之前，及早教导他正确的生活技能，以期养成良好的习惯，才是省力、省时的做法。

刚出生的婴儿，根本没有分辨是非、善恶的能力，任何能够拿得到的东西，都会伸手去拿，不管它能不能吃，总是往自己的嘴巴里塞，稍微不如意便又哭又闹。然而，父母的期望却完全不是这个样子。父母希望子女能够判断是非、善恶，能拿的东西才可以拿，能吃的东西还要在应该吃的时候才放到嘴巴里，就算遭遇到一些挫折，也不可以耍脾气、又哭又闹。可见孩童的自然行为表现和父母对他们的期望有很大的一段距离，证明生活技能一定要经过细心的教导，才能够学会。

父母教导子女生活技能，应该从胎儿开始。怀孕六七个月以后，母亲就要常常变换自己的姿势，使胎儿会重新调整自己在母亲体内的平衡点。孕妇的活动量太少，或者姿势变换得不够多，胎儿的所有感官系统，包括视觉、听觉、触觉、嗅觉和味觉，都会减少刺激而失去反应的机会。婴儿出生以后，也要让他多动、多听、多玩，才能够训练出良好的平衡感。

除了平衡感以外，婴儿第一个要加以教导的生活技能，是语言能力。父母常在喂饭的时候，和小孩说话；把孩子抱在腿上，面对面和他说话，都是希望孩子长大以后，口语表达能力会好一些。两岁以前，不要急于纠正婴儿的发音，让婴儿想开口就开口，说出话来觉得很愉快就够了。五岁以前尽量说母语，避免在家里使用两种以上的语言，让幼儿先对母语养成直觉反应，再来学第二种语言比较有利。三岁左右就可以开始让儿童听录音带，三岁以后再看录像带，比较不会伤害到儿童还没有发育完全的眼睛。要学外国语言，至少要等到小学四年级以后，以免影响到本国语言的学习和使用。

虽然说一切生活技能都是后天学习得来的，但是每个婴儿具有完全不同的基因组织，可以说一生下来就呈现不一样的性情倾向，这种与生俱来的习性使婴儿对同样的教导产生不同的行为反应。有些比较温顺，有些比较刚烈，父母必须认清婴儿这种先天的差异性，寻找出有效的教导方法，对某种婴儿要比较专制，而对某种婴儿应该更加宽厚，不能够采取一律的步调，同样的方法。

婴儿的作息观念，也要靠父母来养成，慢慢地让他知道什么时候应该做什么事，甚至于大小便都需要自己来控制，而不是像刚出生那样毫无控制。

孩子学爬学走以后，只要他身体健康，一定会翻箱倒柜，把家里的东西搅得一团乱，这个时期简直无从教起，只好等到他睡着了，再把翻乱的东西整理好。同时把家里布置成一个安全的场所，让他去到处探险，满足他的好奇心，也培养他的信心。

三岁大的孩童逐渐步入平衡期，变得快乐可爱。父母要忍耐到孩子三岁的时候，才开始来训练他，因为三岁的孩子正是开始接受教育训练的大好时机，千万不要错过。有一些以前收不到效果的方法，现在都变成很有效的了。

四岁又是一个反抗期，五岁再度平静，赶快把握六岁以前，把一些基本的生活技能培养好。最起码也最要紧的，是在衣和住方面做到整齐和清洁；在食和行方面，做到合适和安全的地步；至于育乐方面，必须具有教育意义才可以做。以上所说整齐、清洁、合适、安全，同样是育和乐方面的要求。在游戏过程中，弄脏、弄乱，但完毕之时，必须摆弄整齐，不可一走了事。

先说穿衣和居住的住所，我们必须养成子女整齐、清洁的习惯。为了保持孩童良好的姿势，应该让孩童穿着比较宽松的衣服，但是保持整齐清洁，也是父母时常要提醒的事情。每一代的审美观念很可能不一样，父母在子女长大以后，对子女的穿着经常会看不惯，只要保持整齐清洁，就不需要过分加以干涉。居住的住所也是一样，从小养成物归原位的习惯，把东西擦拭干净，摆放得整齐，是基本的要求。

再看饮食和起居行动，最要紧的是合适和安全。照顾幼儿的饮食，原本是父母的责任。现在有些父母由于工作繁忙，早餐时叫孩子拿钱到外面自己买东西吃。孩子把钱拿去买冷饮喝，父母都不知道，空着肚子喝冷饮，久而久之胃肠发生毛病，父母再来骂他，又有什么用？不如及早教导子女吃合适的食物，安全第一。然后再扩大到起居行动，一切求安全，一切求合适，孩子比较懂得保护自己，父母也才能够安心。

育乐方面，依据父母的价值观来评量游乐的项目合不合乎教育的目标？合的可以与子女同乐；不合的以身作则，尽量保持距离，不去碰它。外出之前，最好亲子之间约法三章，用对话来预先阻止新的尝试，养成子女不排斥新玩意也不马上接受新点子的态度。

总括起来，以上所说的简单的八个字：整齐、清洁、合适、安全，恐怕就要花费父母很多心血，才有把握养成子女良好的习惯。

避免子女沾染不良习气

非基本生活技能种类很多，包括打架、说谎、骂人、偷窃、纵火、飙车等等，不但学了没有好处，反而会带来很大的坏处。可惜有些孩童在不知不觉中学习到这些生活技能，又糊里糊涂地养成坏习惯，以致害人又害己。

要避免孩子养成这些坏习惯，除了仿效孟母三迁的方式，替孩子寻找优良的生活环境之外，最重要的是从小注意孩子的行为，有没有下面所说的三种习性，有就赶快想办法改正，没有就要继续保持现有的距离，不要让他出现这些不良的状况。

第一，有没有随便取用他人物品的行为?

孩子的偷窃行为，一般来说可以分成两类：一类是正常的，并没有偷窃的念头，只是随手取用他人的物品。另一类是病态的，是基于情感发展遭遇到挫折，希望通过偷窃的行为来发泄心中的恐惧和憎恨。

孩子的偷窃行为，大多先从自己的家里开始，向不关心自己的父母偷取金钱，或者家人所喜欢的东西。父母发现之后，必须了解他的偷窃动机，如果孩子是正常的，只是搞不清楚东西的所有权，随手取用，就应该及时告诉他，不可以任意取用他人的东西，以养成良好的习惯。

父母不应该不分青红皂白，马上断定子女有偷窃的行为，使事态更加恶化。父母自己以身作则，尊重孩子的所有权，同时也帮助孩子建立起尊重他人所有物的观念，孩子不会随便取用他人的物品，将来长大以后，当然不大可能会顺手牵羊，产生偷窃的行为。

第二，会不会做错事还有理由?

父母教导子女的时候，常常给子女一些合理化的解释。譬如孩子要爬树时，父母会说："不能爬树，会把膝盖摔破。"孩子要拿别人的东西时，父母会说："这是别人的东西，不可以随便拿，因为别人找不到的时候，会很伤心。"这样的示范是不是让孩子在做错事的时候，也会找理由、找借口，作为自己错误行为的合理化解释?

父母必须进一步让孩子明白做事要合理，但是做错事要勇于认错，而不是胡乱找理由搪塞或辩解。做错事情还要找理由，很不容易承认自己的过错，更不容易下决心改过，所以一次搪塞过去，下次又可能再犯同样的过错，这是不能找理由的主要原因。

现代的父母，大多对外面的人很客气，对朋友很亲切，对自己的长官或有钱有势的人说好听的话，一旦关起门来，对自己的子女反而大呼小叫，甚至破口大骂。孩子做错事，父母指责他、骂他，他只好找理由搪塞，企图逃避责任。通常父母愈严厉，子女愈不敢认错，深怕挨打受罚。所以父母对子女最好多鼓励、少责骂，要认清孩子的知识经验都不多，犯规做错是难免的事，多给他反省改过的机会，多原谅他几次，多开导他，使他不但勇于认错，而且知错必改。

第三，有没有一切要以他为中心的要求？

有一位朋友，把他的儿子带到办公室来。他的儿子说话的音调特别高，声音也特别大，同事都回过头来看他，他却并不觉得有什么不对。大人们在讲话的时候，他也常常插嘴。这种孩子已经养成随时随地都要以他为中心的坏习惯，令人讨厌，事实上他自己也常常痛苦不堪。

每一个人都有自尊心，但是不能够太强，否则任何地方都要高人一等，人际关系必然不会好。孩子适当地表现自己，是合理的，也是应该的。如果处处都要表现，时时都觉得自己高人一等，那就非常不好，必须及早加以开导，以免形成坏习惯。

随便取用他人的东西，养成不劳而获的坏习惯，长大以后非偷即抢，非常危险。做错事还有理由，养成知错不改的恶习，将来一错再错，终必铸成大错。一切要以自己为中心，容不下别人，也不懂得尊重别人，将来孤家寡人一个，人际关系当然不会好。

希望培育优秀的儿童，教养健全的子女，必须充分体认人格比知识更重要。一般人常希望自己的子女功课好、知识水平高，却忽略了功课好、知识水平高的基础，其实就在于性情好不好，人格健全不健全。在学前期，把子女的人格发展基础打好，将来进入学校以后，功课才会好，知识水平才会高。

培育子女健全的人格，最要紧的就是从小指导一些基本的生活技能，至少要做到前面所说的整齐、清洁、安全、合适，并且避免养成不恰当的生活技能，至少要做到不随便取用别人的东西，做错事不要找理由，不要时时都以自己为中心。

有了这些基础的教导之后，还可以开拓孩子的艺术潜能，诱导儿童在绘画、音乐、舞蹈等方面做一些尝试和摸索。通过儿歌、故事、童谣、寓言、传记等等读物，来增进儿童多方面的能力。

指导子女生活技能的时候，千万要记住：不要揠苗助长。必须耐心地对子女做合理的教导，而所谓合理的教导，就是在教养的过程中，不可以过分勉强孩子学习，应该按部就班，一步一步来，才不会适得其反，产生不良效果。

现在，我们回过头来，再想想本章前面所提的问题，是不是有一些不同的观感？

❶ 指导子女基本的生活技能，应该注意哪些原则？

❷ 生活技能到底有什么重要性？

❸ 自己或另一半重视生活技能吗？有没有值得改进的地方？

❹ 哪些是子女所需要的基本生活技能？

❺ 已经具备的有哪些？

❻ 尚待努力的有哪些？

❼ 哪些是非基本生活技能？

❽ 应该特别注意避免或改正的非生活技能有哪些？

第七章

怎样培养正确的生活观念

父母培养子女正确的生活观念，
并不需要急着告诉他自由、平等、民主。
最重要的是让子女知道，
做人不可以只要我喜欢就什么都可以做。
有三个最为要紧的基本生活观念，
那就是好学、知耻、上进。
培养子女正确的生活观念，
最好分成四个阶段，分期来进行。

人能够生养儿女，禽兽也能；但是人知道孝顺父母，而禽兽却不能。因为人有正确的生活观念，知道怎样做才合理；禽兽只能够顺着本能而行，不假思索，也无所判断。

美国有一个七岁大的女孩，名字叫作杰西卡。她为了要打破由一个九岁的男孩所创造的最年轻飞行员的纪录，和她的父亲、飞行教练三个人一同驾驶飞机横越美国大陆，结果遇上暴风雨而坠机失事。杰西卡的生活观念是喜欢飞翔，而她的父亲好像是只要女儿喜欢，有什么不可以？所以首先要指出：父母培养子女正确的生活观念，最要紧的莫过于让子女真正了解——并不是我们喜欢什么，就能够获得什么。现代人讲求自由、平等、民主，就是不讲求做人终究要有所畏惧，才把整个世界弄得乱七八糟，大家愈来愈不愉快。中国人讲求敬天、畏天、顺天，因此一切凭良心，我们知道尽人事之后还要听天命，没有人能够为所欲为，爱怎么样就可以怎么样，要怎么样便一定能够怎么样。这种观念要尽早在子女幼小的心灵中播种下去。千万不要教养出那种动不动就“谁怕谁”的匹夫之勇，以免自作自受，终究害了自己。

有人或许认为人应该充满自信，不必有所害怕。这一点当然有道理，但是有所畏惧和有所害怕的对象不同，前者对天，后者对人。对人可以不必害怕，对天则必须有所畏惧。一个人如果连老天爷都不怕，岂不成了无法无天？

人只不过是人，并不是神。人的一生不可能没有任何挫折，人的欲望也不可能样样如愿。早日让子女明白我们只能够享受有限度的自由，出发点的平等，以及非常小的自主能力，使子女有比较正确的生活观念，对于子女一生的幸福有很大的好处。

在物质条件不好的时代，想要的东西大多得不到，孩子们只要打打弹珠、跳绳、钓鱼，就可以获得很大的乐趣。现代经济环境改善，物质条件良好，孩子们反而得不到应有的快乐，主要在于他们的生活观念已经严重偏差。儿童节到了，一心一意在想父母送给我什么礼物，却不想父母爱不爱我，好像爱并不重要，礼物才更重要，这样的生活观念，物质性远大于精神性，怎么能够快乐呢？

这些年来，台湾深深受到美国文化的影响，以致美国孩童常见的一些毛病，诸如吸毒、喝酒、早熟、自杀、忧郁、抽烟等等，几乎都发生在台湾的孩子身上。我们不能够用时代在变、社会在变做借口，认为当现代工业化的步伐加速时，人人都变得身不由己，便把一切责任都推得干干净净，丝毫没有惭愧、歉疚的感觉。

希望子女有正确的生活观念，首先要父母先具有正确的生活观念，究竟我们教养子女的目标放在哪里？是要培养出身不由己的外国子弟呢，还是要教养出自由自在的中国子弟？有很多人糊糊涂涂地把自己的子女教成外国人，害得这些子女只好身不由己地变成中国的外国人，或者说中国话的外国人。这便是因为父母错误的引导，或者放手让子女去接受愈来愈西化的大众传播，却不能够加以有效的指导。我们不能责怪传播媒体，因为它们只是在商言商，赚到钱就什么也不管，我们呢？必须负责子女的未来，让他们有一个幸福的人生，那并不是有钱就能够买到的。

在台湾这种盲目西化、一切向钱看的恶质环境下，怎样将家庭看作一块最后的安全场所，恐怕是现代父母空前未有的巨大挑战。政府要靠洋人，我们却必须抵御西洋文化的侵略，父母的处境实在为难，实在十分辛苦。

请先想想看：哪些是正确的生活观念？哪些又是不正确的观念？培养子女正确的生活观念，要掌握哪些原则？

想过之后，把下列问题的答案写下来，然后继续看后面的说明，看看是不是更加清楚明白！

1. 有哪些基本的正确的生活观念？
2. 有哪些常见而必须避免的生活观念？
3. 对自己子女而言，当前最需要加强的生活观念有哪些？
4. 对自己子女而言，当前最需要改善的不正确的生活观念有哪些？
5. 怎样培养子女正确的生活观念？
6. 怎样帮助子女改变不正确的生活观念？

应教子女树立正确的生活观念

正确的生活观念，内容相当丰富，包含很多项目，譬如要养成读书的习惯；具有好学的精神；兄弟应当和睦相处；家人以和为贵；不要搬弄是非；不要重利轻义；谨言慎行；舍弃慢心、伪心、妒心、疑心；严于律己，宽以待人；凡事当留余地；不要得理不饶人；不但要安分，而且要知命；敬老尊贤；推己及人；由俭入奢易，由奢入俭难；家财千万不如薄技在身；读书学问贵在实行；亲近君子而疏远小人；要果断不要独断，凡事要好好商量；不要随便开玩笑；做错事要勇于承认；知过还要能改。真正要列举起来，好像还有一大堆。这么多的生活观念，如果要一一加以教导，只怕每日一句，也要教好几年。孩子对于这么多的教条，必然心生畏惧，而且觉得规矩太多，记都记不住，怎么做得到呢？

我们这里只提出三个基本的生活观念，那就是好学、知耻、上进。希望父母把这三个生活观念反复示范说明，让子女从小便培养出这三个生活观念，必定终生受用不尽。一个人能够好学、知耻，再加上力求上进，还有什么不能放心的地方？

第一，先说好学，好学就是喜欢学习的意思。

中国人做人，讲求一切照道理。道理并不是与生俱来，生下来就知道的，必须后天勤于学习、日积月累，才能够懂得道理。过去中国社会说的、写的都是中国人的道理，父母只要用心培养子女学习的兴趣，养成好学的习惯，子女自然会从书本当中、长辈的谈话当中，了解许多做人做事的道理。可以说子女愈好学，父母就愈放心。

现代不同了，书中所写的、朋友口中所谈的，大多是西方人的学问；电视上所看到的、广播中所听到的，也大多是西方人的道理。简直到了子女愈好学，父母愈不放心的地步。现代父母难为，居然还要面对社会的挑战。

但是，父母又不能够硬性禁止子女不要读什么样的书，听什么样的言论，看什么样的杂志，事实上禁止不但没有效果，反而容易引起子女的反感，更加没有好处。

现代父母必须率先了解中国人自己的道理，然后随时以父母对谈的方式来说给子女听。直接对子女解说，功能并不大；间接地说给子女听，功效才会好。但是要做到这种地步，还需要从小养成家人聚集在一起的习惯，否则像现在这样，一家人是一家人，吃饭、睡觉、活动的时候，各搞各的，碰不到一起，那是没有办法的。中国父母善于利用吃饭、看电视、玩游戏的时候，随时互相交谈，无意中让子女听进去，以达到端正观念的目的。所以最主要的便是家人要有一段时间相聚在一起，而又不各自专心做自己的事情，才有办法达到原先的目的。

中国人和西方人不同，这是很多人都知道的事实，但是中国人和西方人究竟有什么不同，恐怕就是大多数人都弄不清楚的问题。有人说，中国人和西方人是不同类型的人。在心理结构上，中国人偏于保守、封闭，西方人偏于进步、开放；在性格特征方面，中国人偏于内向、克制，西方人偏于外向、狂放。请问各位，中国人果真保守吗？我们有些地方比西方人更追求时髦。中国人真的内向吗？我们同样有许多外向得令人受不了的作风。这种把中国人和西方人看作完全相反的人，深深受到二分法的束缚，以为世界上的事情非A即B，不是对的便是不对的，好像不黑就是白，不白便是黑，未免把事情看得太简单了。中国人的脑筋复杂得很，我们既不保守也不样样求新求变，既不封闭也不开放，既不内向也不外向，既不克制也不狂野。这才叫作无过与不及，合乎中庸之道。

让子女养成好学的习惯，还要培养合理的观念，凡事不过分，合理就好。这样，子女慢慢会自己走上中国人的路途，父母也就比较可以放心。

第二，知耻就是不做错事，知道自己管自己，万一做错了事情，要勇敢地承认，并且决定不再重犯同样的过失。

子女好学，就能够学到很多必要的知识和技能，自己去体会很多做人做事的道理。这时候加上知耻，就不敢做见不得人的事情，父母当然很放心。

知耻的通俗说法，可以说是知道惭愧（闽南话叫作“惊见笑”）。一个人在一生当中，难免会犯各式各样的错误，有了惭愧的认知，才有知错必改的决心，也才有再接再厉的勇气。

知道惭愧的人，必然慎言又慎行，为什么？因为害怕说错话，做错事，会不好意思。慎言的秘诀，其实只有一个，那就是寡言。不说话没有人会认为是哑巴，便是这个意思。慎行的要领，在合乎义理，注意瓜田李下，要懂得避嫌，才不会找自己的麻烦。

第三、还要帮子女建立求上进的观念。

子女好学，如果学的只是专业知识，对人情世故一点也不知道；如果学的是计算机游戏，对人际关系丝毫帮不上忙；如果学的只是西方人自己顾自己的一套个人主义观点，变得愈来愈不像个中国人，还能有什么希望?

有人批评中国父母望子成龙、望女成凤对子女形成很大的压力，其实龙、凤自古以来，好像只有极少数极少数的人看过，可见我们所希望的，只是一种不断求取上进的生活观念，所谓人往高处爬，水往低处流，不见得有什么不好。可恶的是，有些人存心打破这种观念，目的只是让其他的父母不再那么关心子女的教育，好使自己的子女减轻一些竞争的压力。我们常常看到父母成天骂补习，劝人家不要送子女去补习，自己却偷偷地把子女送去补习，这才是真正的坏心眼。

一代要比一代强，唯一的希望就是建立在子女能够求上进上面。望子成龙、望女成凤，只要要求到合理的地步，并没有什么不好。

好学、知耻、求上进，这三个正确的生活观念，父母必须想尽办法，趁早培养子女有正确的认识，并且养成习惯，简单三项，缺一不可，现在开始还来得及。

避免子女养成错误的生活观念

不正确的生活观念，同样很多很多，譬如一切都是命；活得快乐就好；有话就要说出来；一定要赢，样样不能输给别人；人家有什么，我们一定也要有什么；结婚是恋爱的坟墓；拍马屁才能成功；占不到大便宜，小便宜也不要错过；有钱能使鬼推磨，有钱不怕办不了事情；天大的事，找到有本事的人，照样解决；杀头的买卖有人干，赔钱的生意没人做；现代人比古人聪明；一切都在进步；要出名，必须不择手段；有钱有势最要紧；不要得罪人才能求安全；凡事马马虎虎，过得去就好。这些观念不见得完全没有道理，用在恰当的地方也有相当的正确性，只是把它当作生活观念来奉行，那就十分危险。

特别是“样样不输人，一定要赢”、“人家有什么，我们也一定要有”，以及“凡事马马虎虎，得过且过”这三种观念，最要不得，一个人有了这三种生活观念，一生痛苦不堪，而且人人都讨厌，成为人见人厌的怪物。

我们先来看看“样样不输人，一定要赢”这一句话，和中国人

“不认输”的精神，有很大的差距。

不认输，其实是求上进的表现。我这一次输给你，用不着要赖，用不着找借口，更用不着低声下气认输。因为我有决心、有毅力要再接再厉，继续努力下去，总有一天会获得胜利。这种不认输的精神，主要是对自己而不是对别人，用来激励自我，提升信心，十分有帮助。这种不认输的精神，通常只用在少数几个项目，并不是全面性、普遍性地样样不输给人家。中国人相当守分，绝对不敢希望样样都拿第一，集所有的荣耀于一身。

我的牙齿很好，可惜小时候不懂得保健，以致牙周病很严重。从二十几岁开始，便常常受到牙疼的折磨，但是我并没有抱怨。每当牙疼得难受的时候，甚至开刀痛苦的时候，我总是这么想：“每一个人都有一个弱点，我的弱点就是牙周病，有什么好抱怨的呢？如果抱怨让老天爷听到了，他可能说：‘曾仕强既然不满意他这一种弱点，我把它换另一种好了。’那我不是更倒霉了吗？”所以一个人不要求十全十美，才不会自找烦恼，跟自己过不去。

不认输并不是样样都不认输，在某一两件事情上输给别人，算不了什么。只是不要全盘皆输，样样都输给别人，那不可以，所以还是不要认输，但是不能够什么都要赢。样样不输人，结果必定害死自己，等于输掉了自己，更加悲惨，更加划不来，最好不要有这种样样不输人，什么都要赢的生活观念，以免走上痛苦的人生。

再看“人家有什么，我们也一定要有”的观念，事实上已经入侵了许许多多的家庭。每当做父母的告诉我：我的孩子只要一开口“别人都有，我为什么没有”，我就觉得非常难过，好像很对不起我的孩子，无论如何要马上把它买来，就算我加大夜班，忙着兼职，也乐此不疲。这时候我就会问他：你的孩子告诉你为什么别人都有而他没有，你是不是觉得自己很没有面子？答案大多数是：这个倒不是，我还没有时间去考虑面子问题，我只是觉得孩子只有一个童年，要让他们快乐、不受委屈、没有挫折、不自卑，这是父母的责任。我当时的感想，果然是恩生于害，而害生于恩。出发点可能是爱子女，没想到却害苦了子女。因为父母可以省吃俭用给子女最好的东西，再咬紧牙关也要为子女设想。中国父母这种自愿为子女牺牲的精神，值得全世界的父母敬佩，但是绝对不可以养成子女这种“别人有什么东西，我也一定要有”的观念，否则天天比来比去，不但父母疲于奔命，子女也将痛苦不堪，永远不会愉快。

中国人最明白“人比人，气死人”的道理，每一个家庭的情况不一样，凭什么人家有的，我们也一定要有。不幸隔壁住了一个亿万大富翁，我们除了赶快搬家以外，还有什么条件可以同他比。可是搬了家，隔壁有的东西，我们也未必全有。他的家再穷，偏偏有一件家传至宝，我们又没有了，那要怎么办？恐怕只有去偷去抢了，这样做对吗？这样做好吗？后果会怎么样呢？

更妙的是，居然有一位父亲很高兴地告诉我，最理想的情况，就是在别人还没有买到以前，预先打听，想尽办法，把一些新奇的东西买回来，好让他的子女在别人面前献宝：“我有，嘻嘻，你没有。”我问他的目的何在？他居然说：“也好让别人的父亲伤一下脑筋，免得我一个人常常伤脑筋。”原来他是为了报仇才有这种想法。但是我一听就很清楚，他只是嘴巴讲讲而已，实际上永远没有这样做过，因为他的子女真的献宝：“我有，嘻嘻！你没有。”不被人家打得头上起包才怪。

就算这位父亲说到做到，尽量寻找稀奇古怪的玩具给他的子女，而当玩具堆满了整个房间的时候，恐怕还会发现，总有那么一件东西，别人的孩子有了，而自己的孩子仍然没有，岂不是又要父子一齐伤心？

从小养成人家有什么，我们也要有的习惯，长大以后就更加危险。人家飙车，我也要；人家吸大麻，我也要；人家上吊，我也要。这时候父母再后悔，恐怕也来不及了。人家有什么，是他的事，我们有什么，才是我们的事，不必比来比去，因为无从比起，不是更快乐吗？

最后说“凡事马马虎虎，得过且过”，一点也不认真，注定一辈子不会成功。有人说，中国人不都是这个样子吗？那就大错特错。中国人十分认真，绝不马虎，只有认真的人，才有资格说“马马虎虎”这一类的话；只有已经尽了全力，才能够放心地说“无所谓，得过且过”。不要没有完全弄清楚以前，就胡乱灌输给子女一些偏见和误解，使子女讨厌做中国人，或者认为不幸生为中国人，只好糊里糊涂混日子，那就什么都完了，可以说毫无指望，也不必寄希望于什么教养不教养了。

凡事不做则已，一做就要认真，彻头彻尾把它做完，做完其实还不够，还要更进一步把它做好，这样必然迟早能成功，没有什么好担心的。孩子及早培养认真的观念，才能把糊里糊涂混日子的错误观念洗刷掉，有朝一日已经养成十分认真的习惯，才开始够资格说马马虎虎，使人际关系变得更好；当一切克尽全力，无愧于心的时候，才够资格说没有关系，得过且过，使大家跟着安心下来。这样，中国人的伟大和高明全都出现在孩子的身上，终于教养出堂堂正正的中国人，大家都心安理得。

培养子女正确生活观念的要点

我们已经说过，有很多很多正确的生活观念，不可能一下子全部教给我们的子女。数量多是一个问题，时间未到，无法体会；稍有体会，运用不上也是一个问题。所以正确的生活观念，最好分成四个阶段来分期培养。

哪四个阶段呢？简单说，可以分成婴儿、幼童、儿童、少年这四个阶段。不过我们并不认为阶段的划分是固定的，硬性把几岁到几岁当成某一个特定的阶段，往往并不符合实际的情况。父母可以自行斟酌，以不同的阶段来教养自己的子女，却不必让某些阶段理论限制了他们的发展。这就是说，大略分成四个不同的阶段，但是不严格限定多大的年龄，让父母更实际地自己调整比较合适。

培养正确生活观念的方式，在婴儿和幼童阶段，只能用身教，不能用言说。这并不是说，父母不可以同婴儿或幼童说话，而是不要寄希望于通过语言的沟通，他们就应该懂得怎么做。因为对婴儿、幼童来说，语言只能够传达感情和一些简单的讯息，还不能够到达了解所说内容的程度，这时候父母唯有以身作则，带着子女一起动、一起做，然后说一些简单的道理，帮助他慢慢去体会。

到了儿童和少年阶段，除了以身教之外，还要简单的说明理由，使子女明白道理，形成他自己的生活观念。

至于培养的原则，我们提出五大要点，说明如下：

第一，让子女觉得父母是为了爱他才教他。

无论如何让孩子有被爱的感觉，是最重要的事情。中国人表达爱的方式和西方人不同，不是靠语言，口口声声我爱你，长大以后很容易相信人家的话，岂不糟糕。中国人主要表现在实际的关心上面，打从婴儿在妈妈的肚子里开始，我们便通过对妈妈特别照顾，尽量给她吃好的、喝补的，不让她提重东西、做粗活，来表达对婴儿的关心。一生下来，就不像西方人那样让婴儿单独睡一个房间，而是和父母或妈妈一起睡。宝宝一哭，赶快把他抱起来，搂在怀里再来查明原因。从小到大，父母一直都在操心，这些表达爱的方式使中国人重实质而轻形式，体会人的心意而不仅仅听信人家所说的话。虽然现在有很多人对此提出批评，但只要把握“合理”这两个字，保证效果良好，没有问题。譬如宝宝一哭，我们就要在九十秒钟，也就是一分半钟之内，把他抱起来，但是有时候手正忙，也可以先出声招呼他；实在有困难，再晚一些去照料，也没有什么不对，只是时间若拖久，不妨请家里的另一个大人先去安抚他。可见一个规定，对中国人来说，有很多弹性运用的空间，可以产生很多变化，合理就好。

子女知道父母爱他才会教他，就比较容易接受父母的指引，发挥模仿的能力，从父母的身教和言教吸收宝贵的经验，孕育成为他自己的生活信念。

第二，尽量避免长篇大论的说教。

孩子三四岁大的时候，经常会问："为什么？"这时候父母如果不能满足他的好奇心，老是骂他"不要噜苏"或者敷衍他"以后再告诉你"。孩子就会逐渐减少好奇心而降低求知欲，养成不好学的坏习惯。

为了培养子女好学的正确生活观念，父母不管多么忙碌，只要孩子提出问题来，一定要为孩子解答。就算有时候实在太忙，回答"以后再告诉你"，也要守信用，找时间来回答他的问题。

和孩子说话，有一个原则就是站在孩子的立场上来思考，用他所听得懂的话来表达，说到他听得清楚明白为合适。最应该避免的，是长篇大论的说教，相信没有一个孩子听得进去，父母说了老半天，一点效果都没有。嘴巴叫忙，实际上又在浪费时间，反而是一种反教育，让孩子更加不明白，慢慢地也不重视父母的教导了。

第三，不可以熟不拘礼。

父母看到别人的小孩打破汤匙或饭碗，大多会顾虑大人的面子，笑着说一些岁岁平安、没事没事一类的安慰话。可是遇到自己的子女打破汤匙或饭碗，那就脸孔一板，生气地责骂："怎么搞的，叫你小心也不会听，现在怎么办？用手吃好了。"末了再加上一句："笨，什么都学不会。"说起来是爱之深、责之切，但是孩子哪里懂得这种道理？只知道父母爱那些汤匙、那些饭碗比爱自己还要多，自己远不如那些汤匙、饭碗来得重要，父母只心疼东西破碎掉，却不惜打碎自己的心，这一来平时的爱都引起相当的怀疑，甚至有一点恐惧，看起来对子女的伤害很大，实际上对父母的伤害更加严重。

成人之间有一种熟不拘礼的观念，也是基于爱之深、责之切的延伸，常常弄得彼此非常不愉快。不如从小养成互相尊重的好习惯，不但可以培养子女不做错事的知耻信念，而且可以减少以后做错事情都喜欢找借口、推责任的坏习惯，同时又可以避免熟不拘礼所产生的一些后遗症。

第四，生气的时候不要喊叫子女的名字。

有一些父母，平常不习惯叫子女的姓名，碰到情绪不好的时候或者生气的时候，才大声喊叫子女的名字。这样子长久下来，孩子一听到自己的名字，就会紧张万分而不知所措，以为自己又做错了什么事情，惹父母生气。一个人不喜欢自己的名字，对自己的名字觉得害怕，怎么不会凡事糊里糊涂，混日子过呢？讨厌自己的名字，结果也会讨厌自己，做起任何事情来，都不会起劲。

对任何人而言，名字都是非常重要的一部分。怀孕的时候，父母就应该花一些时间，好好为即将来临的宝宝命名。在中国，命名通常是祖父母级人士的权利，父母常常轮不到由自己来替子女命名，主要原因是怕父母年轻不懂事，乱命一通。更重要的是，请祖父母命名，一下子把祖孙三代的关系建立起来，将来要子女继承祖先的家训，发扬祖先的家风，比较有效。

宝宝诞生以后，一个月左右，能听也能看，这时候就要常常轻柔地叫着他的名字，通常六个月以后，在宝宝还不能说话之前，他就已经听懂什么是他的名字，也就是每当听到自己的名字，宝宝就会有反应。

父母呼喊婴儿的名字，一定要以高兴的声调、快乐的心情，让婴儿感受到大家欢迎他、喜欢他、爱他。

从小开始，父母就用轻柔、愉快的声音来呼喊子女的姓名，子女听到自己的名字，心情是愉快的，感觉是快乐的，于是愈来愈喜欢自己的名字，也就愈来愈看重自己，当然不敢糊里糊涂、不费脑筋地混日子。

遇到心情不好的时候，不要呼喊子女的名字，还有一种作用，就是暗示子女，父母的心情不好，要特别警惕，更加小心谨慎约束自己的行为，不要惹父母生气，使自己皮痛。这种警惕性是中国人自幼到大都需要的，必然要从小在家庭中好好地加以培养。

第五，尽量让子女在愉快的气氛中成长。

家在这个世界上，应该是一个可以充分让孩子倾诉失望、克服挫折感的地方。每当孩子遇到不如意的事情，感到沮丧的时候，失意的时候，甚至伤心的时候，一想起自己的家，马上就有信心。父母会给他安慰、给他鼓励、给他指导，帮助他安渡难关，协助他解决问题，这个时候，孩子才会重新燃起希望的火把，让自己从黑暗中走出来，再度看到光明的一面。

父母对子女的过错，如果不能包容、不能体谅，那么孩子就不敢有所吐露、有所倾诉，只好一个人躲起来，关在房间里闷闷不乐，慢慢产生各种不正常的生活观念，所以父母的责任是互相尊重，让家里充满了生气。妈妈绝对不能够在子女面前数落父亲的不对，父母都不要随时给子女难堪，使他们心中不安，活得不愉快。

看完了以上的说明，我们回头再想想本章前面思考过的几个问题，重新反省一下，是不是有不同的想法？

1. 有哪些基本的正确生活观念？
2. 有哪些常见而必须避免的生活观念？
3. 对自己的子女，需要加强哪些正确的生活观念？
4. 对自己的子女，有哪些不正确的生活观念最需要改善？
5. 培养子女正确的生活观念，有哪些重要的原则？
6. 怎样帮助自己的子女改变不正确的生活观念？

第八章

怎样养成良好的生活态度和习惯

孩子在一岁、三岁、五岁的时候，
表现得像天使一般，情绪比较平稳。
在两岁、四岁、六岁期间，
简直和怪物一样，因为这是一段不平衡时期。
六岁以后能不能均衡地逐渐向良性发展，
就要看六岁以前是不是教养得良好。
养成子女良好的生活态度和习惯，
最好分期、分层次由幼童做起。

同样是孩子，为什么有的顽固、刁蛮、不讲理，成为父母操心的小恶魔；有的却灵敏、快乐、肯合作，成为父母心目中的小天使。难道父母有神父母、人父母、鬼父母的区分，子女同样也有神子女、人子女和鬼子女的区别吗？每个孩子都有不同的天性，但是后天的教养，可以把子女的生活态度和习惯调整得好一些，逐渐脱离鬼子女的领域，朝向人子女而迁移，以致变成神子女，乃是我们努力的目标。

生活态度并不是天生的，而是后天学习得来的。孩子的学习不是直线进行的，却是曲线似的起伏不定。不过我们很容易记住：奇数岁数也就是一岁、三岁、五岁属于平衡期，偶数岁数也就是两岁、四岁、六岁是不平衡期。当孩子经常表现得有如天使一般，逗父母开心的时候，大概是平衡期；当子女淘气得令父母消受不了，老觉得像小怪物、小恶魔的时候，那就是不平衡期了。

一岁以前，婴儿好奇心旺盛，喜欢探索所有能够接触到的东西。孩子纯属好奇，对一切事物都毫无所知，没有办法保护自已，当然也不懂得反抗。两岁的孩子，进入第一个偶数岁数，开始最初的反抗期，孩子先会用平静的口气说“不”、“不要”，然后学会大声喊叫“不要”、“才不要呢”！

我们总觉得孩子最喜欢说的字眼，好像就是“不”“不要”。为什么同样都是刚刚学的，孩子们比较喜欢说“不”而不喜欢说“是”或“好”呢？原因很简单，就是父母常常对孩子说“不”、“不可以”、“不行”、“不要这样”。孩子听得多，学得也快，所以比较喜欢说“不”。可见孩子的生活态度和习惯，和父母有十分密切的关系，可以说大部分是模仿父母所得到的结果。父母如果希望孩子少说一些“不”，多说一些“好”，那么父母自己在孩子幼小的时候，就应该以身作则，尽量少说“不”，多多说“是”，多多说“好”。

孩子说“不”，并不一定表示他和父母唱反调，我们有时候会看到孩子嘴巴说不要、不要，动作上却配合父母的要求，做出一些合作的举动。父母最好分清楚孩子嘴巴上说不要，是在表示他的感觉，而他的实际动作只能代表他的行动。对幼童来说，他只能够控制他的行动，却很难控制他的感觉。我们常常觉得儿童比较纯真，就是因为儿童有什么感觉就会表现出来，不像大人那样会隐藏着自己的感觉。中国人常说童言无忌，也就是孩子随着感觉说出来的话，有时候让大人受不了。

了解孩子这种感觉和行动的区分，知道孩子的感觉最好不要加以抑制，就让他直接表现出来，只要在行动方面加以合理的规范，就可以养成一些良好的生活态度和习惯。父母能够一方面让孩子自由表达感觉，另一方面合理限制孩子的行动，孩子会比较容易接受。实际上父母也是如此，我们常常觉得忍无可忍，对孩子大声怒吼，让我们的感觉表达出来，心里会舒畅得多，只要我们能够控制我们的行动，不在这个火冒三丈的时刻乱打孩子、乱揍孩子，也算是一种相当可以理解的态度。

可见态度和习惯都有好的也有坏的，最理想的当然是尽量培养好的而减少坏的，可惜社会风气和整个大环境好像偏偏和父母作对，使父母愈来愈不容易成为子女的好榜样。钱穆先生讲过，当他还是小孩子的时候，很少有妇女在家里打麻将，那时候打麻将好像是男人专有的活动。妇女忙于家务，根本没有时间坐下来打麻将。后来西方文化传过来，女性解放，女孩子都可以上学校读书，可是读书以后又很少出外做事，于是在家里不做事、不管家务、也不管教子女，就专心打麻将。现代有一些父母，说是为了休闲、保健而置子女于不顾，花样比麻将更多，赌性也比麻将更强，这种生活态度和习惯，又怎么能够寄希望于子女只养成好态度而减少坏习惯呢？

钱先生所描述的情形，到现在仍然存在。不过或许是“向钱看”的风气愈来愈盛，也可能是“物质享受”的要求愈来愈高，以致女性就业的情形愈来愈普遍。父母喜欢小家庭生活，比较自由，又两人都要上班，整天忙碌，回家后匆匆忙忙，再加上彼此发牢骚、喊累，抱怨遭人陷害，要灌输子女不正确的生活态度和习惯，恐怕比养成正确的生活态度和习惯更加容易得多呢！

请各位想想看：哪些是良好的态度和习惯？哪些又是不好的态度和习惯？还有，养成良好的生活态度和习惯，应该注意哪些原则？

思考之后，请先将下列问题的答案写下来，然后再接着看下去，看看父母究竟应该怎样养成子女良好的生活态度和习惯？

1. 哪些是孩子所需要的正确的生活态度和习惯？
2. 自己的子女具有哪些正确的生活态度和习惯？
3. 哪些是孩子常见的不好的生活态度和习惯？
4. 自己的子女有哪些不好的生活态度和习惯？
5. 怎样养成孩子良好的生活态度和习惯？
6. 自己所重视的原则，有哪些？

培养子女良好的生活态度和习惯

婴儿出生之后，只要求满足自己的生理需要，要吃、要喝、要睡觉、要保暖。我们可以说幼儿时期，也就是三岁以前，只不过是人生的开始，大部分时间都在解决自己的基本生理需求。从出生到两岁这一段期间，婴儿的生活态度就只有两种不同的倾向：一种是信赖别人，一种是不信赖别人。父母的用心照顾，传送爱心和亲情，最要紧的还是在培养婴儿产生对人信赖的态度。婴儿对人有相当的信赖，才会产生安全感；然后从游戏中学习，逐渐形成各种生活态度，养成一些习惯。

两岁到三岁之间，孩子的态度也有两种不同的倾向，一种是活泼自主，一种是羞愧怀疑。大概对人有信赖感的孩童，比较会表现得活泼自主；对人不信任的孩童，比较有羞愧怀疑的倾向。一般来说，能够表现出活泼好动的孩子，比较具有自信的态度，也比较容易养成自己管制自己的习惯。

三岁到六岁之间，更是培养孩子自主自发的最好时期。孩子看见大人扫地，也赶紧拿扫把要来帮忙，可见孩子是喜欢自主自发的，可惜做父母的常常骂他、禁止他，弄得孩子愈来愈不敢自主。孩子喜欢自主，却被骂得不敢自主，于是变得退缩、保守。表面上看起来很有规矩，却缺乏积极进取的精神，是不是很可惜呢？

一个人最要紧的，其实就是这种自主自发的态度，不幸常常在幼小的时候，就被父母无心的吓阻，毁了大半。孩子自主自发，父母骂他；孩子不自主自发，父母照样骂他。先把孩子骂得不敢自主自发，再来骂他不知道自主自发，常常弄得孩子莫名其妙，不知道怎样才好。

让孩子自主自发，他才会不断地摸索、学习，从各种不同的接触和互动当中，产生多种不同的态度。自主自发的孩子，变动得相当快，两岁大的时候，一天到晚说不，简直是十足的顽童，可是到了三岁的时候，孩子忽然变得十分乖顺，不再我行我素，不再盲目反抗，反而很喜欢配合父母的要求，变成听话合作的乖孩子。

自主自发地反抗，自主自发地适应，这是孩子的学习过程。然后一阵子采取不合作的态度，一阵子又恢复合作的态度，父母最好顺其自然，让孩子自主自发地改变。

两岁大的孩子自己顾自己，三岁大的孩子喜欢和同伴一起玩，他可以耐心地等待，为了大家轮流玩玩具。他爱父母，自己也很愉快，父母要善用这一段好时光，好好地养成孩子一些好习惯。因为到了四岁，孩子又开始不协调了。这个时候孩子变得喜欢吵闹，爱充老大，常常和人家起争执。情绪的起伏也比较大，前一分钟还很害羞，后一分钟马上变得十分活泼。四岁大的孩子和三岁时一样喜欢和同伴一起玩，但是在一起的气氛完全不一样，经常出现暴力和凶猛倾向，常常用命令、推挤、打人的态度来对待别人。当妈妈问他要吃什么东西的时候，他也许会说："我要吃大便。"妈妈愈生气，他就愈得意，一再重复地说，并且自以为很聪明。到了五岁，这种情形大多会自然消失，孩子进入五岁的平衡期以后，再度表现出可靠、稳定、主动适应环境的态度，他比较专心做事，所以完成的概率也比较大，显得对自己相当有信心。

六岁以前孩子所养成的态度和习惯，就是我们所说的家教，也就是家庭教育的意思。入学以后，孩子的态度和习惯使他在学校里成为受欢迎的或者不受欢迎的小朋友。一般来说，小学程度的学生，比较欢迎有下列这些态度的人：功课好，但是不骄傲；热心公益，喜欢帮助别人；能察言观色，善解人意；诚实守信，不欺骗；对自己要求多些，对别人要求少些；待人温和，不乱发脾气；处处为班级和同学着想。

初中以后，更是善于分辨良好或者不好的态度和习惯。良好的生活态度有很多，譬如勤劳、节俭、朴实、忠勇、守法、守分、守纪、守礼等等。只要具备良好的生活态度和习惯，就不怕不能生存，更不怕被人瞧不起。

但是，我们认为，最基本的是勤劳、守分和有恒，现在分别说明如下：

第一，勤劳。人生最基本的义务是什么？我们可以从反面来思考，人生最被人看不起的是什么？大家最看不起的，是不劳而获，所以人生最基本的义务是自食其力，不依靠他人来维持生活。假使一个社会人人都希望不劳而获，人人都不想自食其力，人人都要依靠别人生活，这个社会迟早要灭绝，也就是人人同归于尽。子女在年幼的时候，自己还没有谋生的能力，当然可以依靠父母而生活。但是长大以后，一定要记住“好男不吃分家饭，好女不穿嫁时衣”。分家饭，指父母祖先的遗产；嫁时衣，指父母嫁女儿时所赠送的衣服。这两句话，当然不是字面上所说的不吃分家饭，不穿嫁时衣，而是勉励子女长大以后，必须自食其力。而要自食其力，最可靠的办法就是喜欢做事，不怕劳苦，也就是勤劳。小时候在父母抚养之下，就应该养成不怕劳苦，不图安逸，喜欢做事，不游手好闲的习惯，长大以后，才能够自食其力，以免长期拖累父母。

第二，守分。奉公守法虽然是一句古话，但是对维护社会秩序，促进社会进步而言，到现代还是十分重要。人人奉公守法，社会才能够安定，大家才能够安居乐业。孔子说："出门如见大宾。"并不是说一出门就要严肃端庄，道貌岸然，而是说我们出了家门，要把在外面所看到的人，都当作宾客一般以礼相待，用如见大宾的态度来善待邻居和路上遇到的人，社会才会和气，人人才会快乐。守法和守礼，合起来说就是守分。子女从小在家里扮演好自己的角色，养成守分的习惯，由家里推到门外，才能够出门如见大宾，而且奉公守法，恰如其分。

第三，有恒。父母希望子女有一天会出人头地，而出人头地要靠经年累月的努力，一分耕耘，才有一分收获，可见有恒才是成功的根本。父母教育子女，子女如果不能够继续教育自己，养成终身学习的习惯，是不能成大功立大业的。从小培养子女持之以恒的习惯，凡事不可以五分钟热度，一曝十寒。凡事必须不怕困难，坚持到底，不但果敢坚忍，而且坚强有恒。

防止子女养成不良生活态度和习惯

六岁以前的幼儿，已经可以看出很多不好的生活态度和习惯，譬如不肯自己吃饭、喜欢讲脏话、不肯睡觉、不知道爱惜东西、老要抢夺别人的玩具、爱吹牛、喜欢唱反调、动作慢吞吞、大哭大闹一定要达到目的才肯罢休等等。我们已经讲过孩子是父母的一面镜子，子女的态度反映了父母的教养，所以每当有人看到孩子某些不好的态度，父母往往觉得很没有面子，不是忍不住要责骂孩子，就是认为孩子生性如此，拿他没有办法。

不错，孩子好像天生是以自我为中心的，他们任性，爱怎么样就怎么样；健忘，刚刚告诉他不可以这样，不到一分钟他就忘记了；大胆，一副初生之犊不怕虎的样子，什么事情都敢做。这些无知的孩子，既不容易控制自己的情绪，也很不愿意接受驾驭。

要不是孩子是父母亲生的，恐怕有很多父母，已经忍无可忍地把孩子赶出家门之外，以求眼不见为净，免得触目惊心，经常担心害怕。我们从“爱之深，责之切”这一句话，可以领略到父母的苦心，要是不爱子女，父母何苦那么生气，那么情绪激动地要和孩子拼命呢？

但是，我们不要忘记：幼儿期本来就是幼儿自主自发，多方面探索尝试的阶段。他们的任性不过是好奇心的驱使，看到任何东西都要动一动，并不一定是我们所想象的爱怎么样就怎么样。他们的健忘，其实是父母所给的指令太笼统，像“小心”、“乖一点”这一类的话，小孩子根本听不懂；指令给得太多，一会儿不可以这样，一下子又不可以那样，孩子只好先学会“听而不闻”这一招，反正记不住，倒不如把它忘掉或者根本没有听进去，更加轻松方便。父母本身的指令，有时候一连串给下来：“走过去，洗洗手，擦干以后把书本捡起来，放到书架上面，然后去请爸爸下来吃饭。”不要说孩子记不住，恐怕要大人自己再说一遍，也可能有所遗漏吧！至于孩子的大胆，其实是孩子没有什么经历，缺乏实际经验，不知道有哪些可怕的事情，你叫他怎么不大胆妄为呢？

我们说孩子自我，也是站在大人的立场上来说的。幼儿把东西塞到自己的嘴巴里，我们就认为他很自我，只顾自己不会想到别人，这是大人的自我。你看，有一天孩子忽然把东西塞到父母的嘴巴里，我们就齐声叫好，称赞他“乖”、“很乖”，这不是大人的自我吗？

孩子先由自己和自己的关系，了解到“我”的存在；再由自己和别人的关系，了解到别人对“我”的反应。然后他还会从自己和事物的关系，建立一个理想的“我”，想要学大人那样，做这个、做那个，结果常常换来大人的责骂，是不是很冤枉？

可见孩子并非天生的坏胚子、任性、健忘、大胆、情绪不稳定、不听话，而是他好奇心重，学习意愿高，不幸常常做出父母所不喜欢的事情，表现出父母期待以外的态度，使父母不高兴，也使父母为孩子担心。

还有一种情形，就是孩子态度良好的时候，父母正好放心地处理自己的事情；只有在孩子态度不好的时候，父母才会注意到他。孩子在探索、尝试的过程中，父母通常忽略了孩子表现得良好的一面，因为他不吵不闹，自己玩得很好，父母趁机去做事；却很容易看出孩子表现得不好的一面，我们怀疑孩子故意吵闹、哭啼来引起父母的注意，也是父母自己所造成的。

父母留意孩子的不良态度、不好习惯，马上发现孩子有很多缺点：不告诉父母就偷溜出去；随便接受陌生人的东西；靠近危险的地方；那么大了还尿床；不按时睡觉、偏食、偷钱、说谎，怕跟陌生人打招呼，抢别人的玩具，看到东西就想要，把教导他的话当耳边风……一下子可以念出一大堆，可见非常之多。

但是，最坏的是懒惰和不守分。只要养成这两种坏习惯，将来到处不受欢迎，得不到别人的尊重，只好用计害人，来补偿自己的缺陷，以致愈补愈漏，终生苦恼。

先说懒惰。我们时常骂人办事不起劲，能拖则拖、能推则推，一件事情本来应该今天办的，偏偏今天不办而要拖到明天、后天才开始；本来应该由他办的，他偏偏不办，要推给别人去办。这种误人误事、耽误时间的毛病，真正的原因其实就是懒惰。

懒惰和勤劳刚刚相反。我们已经说过勤劳的意思是喜欢做事、不怕劳苦。那么，懒惰的意思就是不喜欢做事、很害怕吃苦、受累。最近几年青少年犯罪问题日愈严重，犯罪年龄日愈降低，大麻这类毒品在青少年活动场所增多；中国人本来不会自杀的，现在连青少年也开始自杀起来。原因当然很多很多，但是最基本的因素，说起来还是懒惰，不喜欢做事，只想不劳而获；害怕吃苦，一心想要占便宜，担心受累，稍微受一点累就受不了，居然还要大声抱怨所受的压力太大。

勤劳是一种习惯，懒惰也是一种习惯。只要习惯成自然，就会变成自己的一部分，所以从小养成勤劳的习惯，才有办法破除懒惰这种坏习惯。

再说不守分。不守分就是不守法、不守礼。中国人看到神气活现的人，打从心里头不服气，就会产生“你算老几”的念头，想和他较较劲。这种不认输的态度，从小开始就已经逐渐形成。小孩子的团体和大人一样，也有他们心目中的“老大”，而且彼此较劲，要当老大。孩子和大人在一起，有时候也会采用不听话的抗命方式来向大人挑战，父母如果经不起子女这种抗命的挑战，不但会使子女丧失对父母的敬意而看不起父母，还会养成不守法纪、向权威挑战的态度。孩子初次犯错，很可能是无心的，并不知道这样做是不对的。但是，一错再错，有意地明知故犯，这就是向权威挑战的无礼态度，再不及时有效地改变，孩子不守礼、不守法的坏习惯一旦养成，不但痛苦一辈子，而且会反过来恨父母把他教养成这样子，简直是不负责任。亲子之间一方面是亲人，另一方面也少不了战争，这也是孩子能不能守分的关键，小时候没有礼貌，长大以后不守法，恐怕是一种最不好的态度。

养成良好生活态度和习惯的原则

歌德说过："没有和泪吞下面包，就无法了解人生的真义。"人生有高潮，也有低潮，这种起伏不定的现象，从婴儿出生以后，就接二连三地出现。我们已经讲过，一岁的时候，糊里糊涂，也可以说天真无邪，只关心有没有人爱他、照顾他。两岁的时候，开始翻箱倒柜、破坏东西、打碎物品、乱丢东西，什么糗事都做得出来，只要一分钟不见，就会搞出许多想象不到的花样。三岁比较规矩，很乐意和其他孩子一起玩，普通常识相当丰富，情绪也比较能够控制。四岁又掀起一阵反抗高潮，到了五岁，才相对地稳定下来。有一句古话说："三岁住皮，五岁住骨。"意思是说孩子在三岁以前所学到的事物、观念，所养成的态度、习惯，会紧紧地附着在孩子的皮上，还可以有改变的机会；一旦到了五岁，已经深深地附着在孩子的骨骼上，恐怕很难加以改变了。三岁看大，六岁看老，父母希望子女养成良好的生活态度和习惯，必须把握六岁以前这一段就学前的时期，并且注意下面所说的六个主要原则：

第一，分期、分层次由幼童训练起。

婴儿出生的最初六个星期，不过是从子宫到家中的一个过渡时期，要做环境改变的适应，已经使小婴儿精疲力竭，所以一天到晚大部分时间都在睡觉。父母只要让他感觉到有人爱他、关心他，也就够了。八个月以前的孩子，忙于了解他自己，没有时间玩玩具，如果一定要给他玩具，我们认为妈妈的面孔才是最为亲切的玩具，也可以拿一面镜子，让他看看他自己。八个月以后，才开始一些非常简单的训练，譬如教他喊“妈妈”、“爸爸”、“再见”、“娃娃”，还有他自己的名字。然后慢慢给他一些小而安全的玩具，这时候父母应该用心观察他的个性特质，培养一些基本的生活态度。

到了两岁的时候，有一些态度已经表示孩子被宠坏了，再来改变就相当费力。两岁以前的幼儿，对母亲或者主要的照顾者表现出十分强烈的兴趣，所以母亲也就成为养成良好生活态度和习惯互动的主要对象。我们可以这么说，孩子在最初两年中，所学到的态度主要是妈妈对他的态度，而这些态度也就是孩子将来对待其他任何人的态度。妈妈不会把只有八个月大的婴儿宠坏，但是，八个月以后、两岁以前，孩子很可能被宠坏，这是特别要密切注意的。这样子从孩子的幼年开始，分期、分层次来训练子女的生活态度和习惯，是非常重要的原则。

第二，勤劳、守分都要从小事做起，逐渐增加难度。

父母如果真的认为子女应该养成勤劳、守分的习惯，就应该把勤劳、守分当作教养的目标，从小加以训练。训练的时候，必须由小事做起，从那些孩子做得到的事情着手来训练，然后逐渐增加难度，以养成习惯。

婴儿长到四五个月大的时候，就会兴奋地发出格格的笑声。婴儿通过这种愉快的声音来引起妈妈的兴趣，形成他自己的第一种社交态度。婴儿最早知道用哭声来引起妈妈的注意力，婴儿的哭泣时间随着他的日愈长大而日愈减少。通常到六七个月大的时候，哭的声音就相当稀少，因为他们会笑以后，经由哭声和笑声的不同效果，逐渐明白哪一种比较有效。这个时候，父母应该对婴儿的哭声和笑声做出合理的响应，以养成婴儿守分的态度。

孩子玩玩具和游戏的时候，也是父母训练子女勤劳、守分的最好时机。教导子女做家务，对客人有礼貌，都是父母要养成子女良好的态度，都是孩子能够做的事情，父母应该随机加以教导。

第三，养成态度必须连续不断，以期及早养成习惯。

子女能不能养成良好的习惯，要看父母是不是有恒、持久地教导子女。我们看到一些父母，对于子女的教导只能够维持五分钟的热度，甚至随着自己的高兴有时宽松、有时严厉，有时禁止、有时无所谓，这种一曝十寒的态度，使子女无所适从，也很难养成良好的习惯。

父母必须坚决执行规定的赏罚规矩，不可以说过了就算，或者凭着一时高兴，就任意加以改变。三岁以前，奠定孩子有恒的好习惯，对于养成良好的生活态度有很大的帮助。唯有有恒地坚持某一些态度，才能够养成习惯。

让孩子早日明白可以就是可以，不可以就是不可以的道理，一方面消除孩子投机取巧、避重就轻的心理，另一方面加强孩子的信心，认清这样做才是对的，才能够坚定态度，早日养成习惯。

第四，在训练的过程中，子女就算有小的表现，也应该加以奖励。

哥哥和妹妹吵架的时候，妈妈责骂他们："怎么老是吵架，彼此客气一点不可以吗？"哥哥不说话，妹妹说："我们玩得很好的时候，妈妈都没有看见吗？”可见我们已经说过，父母常常只看到子女坏的一面，忽略了子女好的一面，是常见的事实。

一般的父母，认为子女很乖、很用功、很安静，是种理所当然的样子，没有去注意他们，也就不会去奖赏他们。只有当子女不听话、不乖、不用功、不安静，才觉得他们不好，是坏孩子，必须加以责骂，甚至于体罚。这种情况，站在子女的立场来说，当然是不公平的。

称赞、奖励的效果，其实要比责备、打骂好过几十倍。可惜一般父母过分重视指责，忘记了奖励的好处。孩子受到父母的称赞或奖励，一定会增强信心，要表现得更好，对于习惯的养成有很大的功用。

有些父母认为大表现当然应该奖励，这么小的表现哪里用得着大惊小怪。其实，奖励小的表现，孩子才能够有大的表现。如果小的表现没有获得奖励，孩子就没有兴趣做大的表现了。我们不赞成公开表扬，却十分支持私底下给孩子一些鼓励，帮助他加强信心，做得更好。

第五，幼童阶段，可以多用物质奖励；儿童、少年以后，逐渐多用言语鼓励。

孩子需要鼓励，但是对幼童来说，父母一两句不经意的赞美，只不过是一阵耳边风，听过就不见了。幼童阶段，父母可以考虑多用物质奖励，给他新的玩具，或者给他买新的衣服。但是，不要用冰激凌、饮料或一些甜食来奖励，以免养成孩子不喜欢吃饭的坏习惯。

四五岁的孩子通常只知道钱可以买东西，对钱的实质意义并不明白，也缺乏使用的能力，所以六岁以前，最好不要用钱做奖励。等上了小学以后，配合他的实际需要，一方面开始给他一些零用钱，另一方面也可以用钱来奖励。不过，五六岁的时候，可以开始给孩子一些钱，培养孩子储蓄的习惯，同时也培养孩子一些用钱的态度。

第六，发现孩子有不良的态度，要趁早加以提醒和指正。

教导、提醒和指正这三种方法，经常为父母所使用。孩子需要被教导，父母也应该分期、分层次加以教导，这一点我们已经说过。

教导孩子良好的态度，最好每次只教一个，而且要事先说明，譬如有客人要来，先教导孩子："等一会李叔叔要来我们家，跟他打一个招呼，说一声叔叔好，好吗？"然后在客人进门的时候，再度提醒他。

如果孩子做得不好，就应该指正他。这时候最好用积极的口吻，告诉他"说，叔叔好"，而不要责骂他"怎么这样笨，连说一声叔叔好都不会"。

以上所说的各种原则，能不能产生预期的效果，实际上完全看父母能不能以身作则，树立好榜样。父母的态度，包括谈吐高雅、举止有礼，说话有礼貌、饮食习惯良好，待人和谐体贴等等，孩子自然也有样学样，逐渐学得和父母一样。我们总以为对家人无所谓，对外面人要比较考究，其实是不对的，一切由内及外，才能够一以贯之。

我们的家庭教育，可以说自古以来就十分重视。但是，检讨起来，似乎最大的通病，便是教养出"人前背后不相同的两面人"。在家里一套，到外面又是一套；在别人面前一套，自己独处时又是另外的一套。

当然，在中国社会，甚至世界各国，一个人拥有"两把刷子”，实际上也是有需要的。不可能前后一致、内外一致到丝毫没有差错。可见“两面人”也好，“两把刷子”也好，程度上不要相去太远，大家都能够接受。

“对家人无所谓，对外要客套”，其实就是教养子女成为两面人的主要根源。内外要有合理的不同，却不可以弄成太大的差距，以免养成子女“虚伪”、“做假”的坏习惯。

现在，我们不妨再回过头来，想想前面几个问题，看看有没有新的发现：

1. 孩子所需要的正确生活态度和习惯有哪些?
2. 自己的子女具有哪些正确的生活态度和习惯?
3. 孩子常见的不良生活态度和习惯有哪些?
4. 自己的子女有哪些不良的生活态度和习惯?
5. 怎样养成孩子良好的生活态度和习惯?
6. 对于这些原则，自己做到了哪些？还有哪些待加强的?

第九章

怎样促进子女的身心健康

并不是孩子不生病就代表身心健康，

有病固然要治病，没有病还是要治人。

要求子女身心健康，精神愉快，

父母最好不离婚、和谐相处，共同爱护子女。

饮食、睡眠、运动、休息，都要保持合理，

健康贵在“适可而止”，合理就好。

保持健全，不要发生任何损伤，

万一有什么缺陷，也应该设法加以补救。

以前的家庭，为什么维持得久，好像比较健全？因为一家人都比较懂得“委曲求全”的道理。彼此忍耐一些，事情就比较圆满。现代家庭，受到社会环境的影响，似乎“人人都是立法委员”，开口就要骂人，动不动就要摔东西，一个个自我膨胀。夫妻一言不合，便闹得不可开交，不是大打出手，便是急着要离婚。夫妻感情不和，随时可以分离，当然不是一个健全的家庭。对子女心理上的不良影响，很快就会表现在子女的行为上面。请看那些不良青少年，大部分来自问题家庭，包括父母离婚、长期争吵、酗酒、没有正当职业、生活不正常，等等。

使子女得不到爱，得不到安全感，以致伤害了孩子的心理健康。离婚率逐年增高，父母争相在子女面前诉说、指责另一半的不是，互相讨好孩子，使子女情感上产生若干错乱。离婚之后彼此推卸对子女的抚养责任，使子女感受到被遗弃，不是整天不安，便是怀恨在心，做出一些不正当的行为。即使争着要抚育子女，各不相让，甚至对簿公堂，孩子同样承受不了而倍感痛苦。

就算不离婚，夫妻整天各忙各的，很少有时间和子女共处，内心觉得愧疚，因而假借一些心理学的术语做借口，说什么阻止孩子自然成长，将有害于儿童的心理发展，以致不敢对子女说“不”，任由子女自由发展，形成放任，结果却害了子女，使孩子变成霸道、不讲理、不服管教的小恶魔。

今天的问题，说起来是政府不敢管老百姓、老师不敢管教学生，而父母不敢管子女所带来的。大家一起来假借“自由”、“民主”、“平等”这些好听的名词，把应负的责任推卸掉。

政府把老百姓宠坏了，不管有理无理，动不动就要抗争；老师把学生宠坏了，连校长是谁，学生都要表示意见；父母也把子女宠坏了，才使得孩子无法无天，不知道孝顺父母。这样的恶劣环境，子女的身心健康实在很不容易做到，父母应该更加用心，先把自己的观念调整好，重新出发。

希望子女身心健康，必须时时记住“适可而止”这四个字，力求合乎中庸之道。从各方面观察，不难发现许多疾病都是“过”或“不及”所造成的。某些食物吃得太多或者太少，某种运动做得太多或者太少，精神压力太大或太少，都有可能构成身心健康的威胁，使我们不能维持正常而出现了问题。

值得注意的是，几乎每一个人都知道这个简单的道理，偏偏就很少人能够真正做到。饮食、睡眠、休息、运动，都不要过与不及，这是自古以来大家熟悉的健康法则，现代生活就算在形态上有很多改变，本质上却还是一样。

我们常常说“有病治病”，人一生病，当然要看医生，想办法治疗。但是我们严重地忽略了另外一句“没病治人”，没有病的时候，要把人治好，才不会生病。一个人要维持身心健康正常，并不是等待疾病发作了才来治疗，有时候一发作就治不了，更是令人十分遗憾。没病的时候，要从心理状态着手，维护正常的发展，因为心理状态和人体健康具有非常密切的关系。大部分疾病，和人所感受的紧张、个性和适应方式息息相关，要身体健康，首先要保持正常的心理状态。

父母没有不希望自己的子女长大以后身心健康正常的，大家都关心养育子女的每一个细节，不愿意造成子女心灵上的任何创伤。

要做到这一点，必须具备三个先决条件，那就是：（一）不能离婚；（二）夫妻相处和谐；（三）父母共同以爱心来教养子女。三者缺一，子女的身心健康就会受到很大的威胁。这三个条件，构成子女身心健康的良好环境。在孩子的心目中，父母两人合成一个宇宙，母亲好比大地，以慈爱和抚育来滋养子女；父亲好像天上的太阳，供给能源使儿女茁壮。孩子在这个小宇宙中成长，父母的婚姻关系实在太重要了。父母离婚，子女是最大的受害者。家，并不是父母所专有的，不要忘记子女也有一份。

因父母离婚，子女常常由于家庭破碎所受的伤害而寻求报复，他们想尽办法，以偷窃、无礼、离家出走来警告父母，除非父母重修和好，否则他们就会变坏。夫妻的情感关系，可以用和睦来培养，只要双方都能够把互爱变成互敬，从给予孩子的爱中增进夫妻的感情，就能够和谐相处，让子女感受到安全和自信。父母共同以平静的情绪和稳健的态度来教养子女，子女自然能够发展出健康正常的身心。父母如果不能和睦，家庭气氛不和谐，子女就缺乏温暖和安全，渐渐变得顽劣反抗，经常心怀强烈的敌意，长久下去，就会出现紧张、不安、失眠、忧虑、无法集中注意力、情绪低落、多重人格等等精神异常，导致身体健康也出了问题。

请各位想想看，怎样使子女心理正常？怎样使子女身体健康？又怎样才能促进子女的身心健康正常呢？

思考之后，请先把下列问题的想法写下来，然后再接下去，看看有哪些具体可行的办法。

1. 怎样使子女心理正常？
2. 依据自己的观察和了解，子女有哪些心理现象值得加以鼓励？
3. 又有哪些心理现象，最好加以改正的？

4. 怎样使子女身体健康?
5. 自己的子女，在身体健康方面，有哪些需要加强的地方?
6. 促使子女身心健康，应该掌握哪些原则?

使子女心理正常的办法

心理正常的孩子，会觉得自己是一个好孩子，父母亲都喜欢他。这样的孩子，一般来说，都是情绪比较稳定，不会无理取闹，智力的发展也比较正常，对于五官的感觉显得相当实际，不致产生太多的幻想。

心理不太正常的孩子，通常会特别害羞，甚至于孤僻到不和别人来往，喜欢攻击别人，喜欢做白日梦，不是比别人懒惰，就是显得特别好动。

希望子女心理正常，最好的办法就是塑造一个和睦的家庭，父母互相尊重，彼此互爱，还要拨出多一点的时间来和子女相处。尤其是年纪幼小的子女，经常需要父母看他、听他、抚摸他、抱他、关怀他、安慰他、启发他、开导他、鼓励他，而这些活动，都需要比较长的时间才做得好，并不是一般父母早出晚归，在家时间不多，仅仅在晚餐桌上和子女说几句话，便又匆匆忙忙出去参加节目所能够达到的。和子女相处的时间，固然十分重要，相处的方式也非常要紧。其中最容易为父母忽略的，便是和子女一起游戏。对孩子来说，游戏就是生活，可以从中学习到很多本事，养成很多习惯。父母和子女一起玩，可以促进子女身心健康正常。不过玩的方式也有很多种，有的父母花钱购买很多玩具，却不会和孩子玩在一起，有些父母禁止孩子把玩具借给别的小孩子，却不反对自己的子女去玩别人的玩具。可见玩耍中能不能培养子女正常的心理，才是父母最重要的课题。

父母在游戏中，不要忘记自己的责任。天底下哪里有童心未泯到把自己也当作小孩一样的父母？偏偏有很多人就是这样，和小孩玩到忘记了自己，甚至和小孩玩到吵架的地步，真的是忘记了我是谁。父母自己心理不健康，当然也会影响到子女的心理健康。

游戏的目的，在于使孩子有机会扮演各种不同的角色，进而从不同的角色当中培养出各种不同的乐趣，父母参与子女的游戏，使子女在快乐的气氛中养成良好的习惯。有关心理正常方面，至少要注意下面五个方面：

第一，不羡慕他人。

父母认为已经买了很多玩具给子女，但是子女看到隔壁的孩子有一架玩具飞机，就吵着也要有一架。孩子常常抱怨“别人都有，我为什么没有”，要求“别人有，我也要有”。一般父母遇到这种情况，多半赶快去买一架以满足子女的需要。但是也有的父母坚持不买，认为子女不可以养成羡慕别人的坏习惯，更不应该老要和别人比，为什么别人有的，自己一定要有？这样比下去，迟早会比出问题，不如早一点让子女死心，不要羡慕别人，也不要同别人比来比去。可是又有人说，让孩子觉得样样不如人，是不是会自卑呢？

孩子的心理，是喜欢新的，喜欢自己所没有的，有的孩子自己的玩具已经很多很多，却偏偏要玩别的孩子手中的玩具。父母再有钱，也不可能买尽所有的玩具，一般家庭收入有限，更不可能让子女要什么玩具就买什么玩具。

这时候父母可以鼓励子女和别的孩子交换玩具，以冲淡子女的羡慕心理，增强他的分享心理。有东西和别人分享，当然不必羡慕别人。

第二，不嫉妒他人。

要孩子不嫉妒别人，也许相当困难。父母大概只能够教导子女，对别人的特质、财物或运气感到嫉妒，其实并不是问题，可以说是人之常情；但是嫉妒到想要把他伤害，这就成为心理上的一种问题。

嫉妒别人，不一定要产生破坏性的行为，却能够转换成欣赏别人的优点，学习别人的长处的积极性念头。因为嫉妒而伤害别人，会让别人对自己的自私产生反感，对自己并没有好处。不嫉妒他人，尝试着去学习他人的优点，或者站在他人的立场来欣赏他人的成就，心理就正常了。

第三，不说人长短。

父母在子女面前批评别人，很容易养成子女说人长短的坏习惯。最常见到的是，父母在子女面前，批评其他的家人，批评学校的老师，或者批评认识或不认识的人，子女耳濡目染，也喜欢在人家背后说人长短。

母亲在子女面前数落父亲的不是，同样会使子女觉得左右为难，不知道如何是好。

孩子在家里批评老师，说同学或邻居小孩的长短，都会影响孩子的心理健康。

父母应该教导子女，可以批评事情，不要批评人。某人某事做得不好，不见得某人就样样都不好。如果对某人真的有异议，最好在适当的时期，以合适的方式当面说明，避免在背后批评人家。

第四，时常自省，有过必改。

父母应该教导子女养成反省的习惯，把每天所接触到的种种事物，加以归纳整理，并且进一步类推，以寻找更为妥善的处理方法。这种自省的习惯并不是天生的，而是后天学习的。可惜一般父母，只知道教导子女记忆某些事情，譬如说教孩子识字或者认识某些东西，却很少做深一层的启发，让子女从单纯的记忆提升到对事物的分辨、整理和分析。

刚开始的时候，父母可以拿一些共同的活动来进行分析、比较和检讨，使子女在对谈中学习分析、思考和表达，逐渐养成子女反省的能力和习惯，并且教导子女有过必改，而不是害怕犯错或者一错再错。

第五，乐观进取。

心理健康的子女，既然觉得父母喜欢他，他也是一个好孩子，当然觉得很开心。开心的孩子心情好，就会减少一些防卫性的行为，包括撒谎、闹别扭、惹是生非、畏缩、抗拒、攻击等，因而保持良好的心理状态。

这时候父母应该特别小心，因为开心的孩子可能会耽于逸乐而变成穷开心。父母的责任，便是将孩子欢乐的心情引导到学习、读书上面，不要让他们一路玩耍、嬉戏下去。使乐观的子女加上进取的行为，心中充满了希望，不断地求取上进。

使子女身体健康的要领

健康的身体，是保持良好精神状况的基本条件。希望子女将来生活得好，能够发挥潜能，父母就应该从小注意子女的身体健康。有些父母只知道鼓励子女用功读书，却忽略了子女生理上的成长和需要，以致子女体能不足，活力不够，连带着情绪也不稳定起来。

身体健康并不是生病不生病的问题，许多父母以为子女没有病、不生病，就是身体健康，这是最大的误解。因为不生病不等于身体健康，身体健康要比不生病好很多很多，基于这个道理，我们提出身体健康的五大要领，请各位参考：

第一，身体要按照常态发展。

人体对大部分事物，都有自然调节的作用。当我们缺乏某些东西的时候，会产生想要的欲望，只要我们所想要的东西并没有什么危害，我们都可以顺其自然地按照自己的欲望来加以满足。

父母注意子女的身体健康，最理想的做法应该是：让子女自然成长，才能够保持常态的发展。绝大部分的孩童，可以不需要任何协助发育的药物而长得很好。即使少部分需要药物的孩子，也应该请教医师，父母不要自作主张，随便叫子女吃这个、服用那种药物。

有些父母认为子女发育得太慢，赶不上其他的孩子，为了让子女胃口好些，发育得快些，就寄希望于药物的力量，这种揠苗助长的做法，其实是不对的，有时候反而带来不幸的后果。

子女身体健康的基础，决定在刚刚出生的前六个月。近年来由于经济发展，使得婴儿的平均体重愈来愈高，许多年轻父母养育超重婴儿还沾沾自喜。其实应该让他多喝水，让他恢复到正常的体重，因为小时候过胖，长大以后更容易胖，而肥胖对健康会产生各种不良影响，必须预防。

第二，身体要保持健全，不要损伤。

先天性的残废，我们没有话讲；后天的损伤必须尽力加以避免。有些孩子还没有念完小学，就割除了三分之二的胃，想想看，这是多么残忍的事。有很多病，可以经由药物治疗和细心照顾，并不一定要开刀切割。

我们的眼睛，不但要做近距离的活动，譬如看书、看电视、写字、找东西；同时也要做远距离的活动，才能够逃避危险，看到远处的人物，寻找合适的东西。现代子女近视愈来愈多，近视固然和遗传有关，但是环境的影响更加重要。有些人没有近视，并不是遗传条件良好，而是因为环境中没有引起近视的条件，这是值得父母注意的。

除了切割内脏、近视和重听以外，手脚的健全、面貌的健全、身体的不受烫伤、损伤，也是很不容易保持的事情，父母应该教导子女在这一方面多多用心。

第三，身体要正常，没有畸形的发展。

不正常的运动，常常造成身体的畸形发展。有些父母基于子女将来的成就考虑，希望子女提早学习一两种技能，或者成为某种运动的特优选手，在子女生理基础还没有打好之前，就急急忙忙，要子女赶快在别人没有开始的时候抢先一步，结果弄得手臂扭曲、身高长不上去，或者造成某些部分的畸形发展，都违反了让子女自由成长的原则。

并不是什么事情都是愈早愈好，而且几乎每一种运动迟早都会造成或多或少的运动伤害。父母为了子女均衡发展起见，最好凡事慎重一些，以免无意中造成子女的畸形发展，影响到子女的身体健康。

第四，身体要保持健康。

保持子女的身体健康，除了要养成良好的起居作息习惯，适当的运动，维持平稳的情绪以外，适当的饮食，应该是父母注意的重点。

特别是母亲掌理家人的饮食，更需要把握几个重要的原则，譬如：（一）孩子发育期间，要适量吸取蛋白质、碳水化合物、脂肪和维生素；（二）不要养成孩子偏食的坏习惯，如果子女有偏食的倾向，要耐心地设法加以纠正；（三）多吃新鲜的食物，少吃精制的食品；（四）能生吃的蔬菜、水果，尽量生吃；（五）均衡摄取各种食物、蔬菜和水果；（六）少吃盐和调味品；（七）刺激性的食物，譬如咖啡、烟草、酒精，对孩子的健康有害，必须避免；（八）生乳和发酵的食物是好的食物，可以常吃；（九）多吃当令的食物和水果；（十）常常变换食物的种类，让家人换换口味。

第五，身体有缺陷，要设法补救。

身体健康没有缺陷，当然最好。万一不幸有了缺陷，应该及早设法加以补救。有的是生理上的，把有缺陷的部分整修、更换或者补全。有些是心理上的，想办法消除子女心里头对于缺陷的遗憾和不安。

一般父母对于残障的子女，都有过度呵护的倾向，觉得子女可怜，因而特别宠他、惯他、纵容他，反而让子女失去做正常人的机会。

身体有缺陷的孩子，父母不但要把他当作正常的孩子一样看待，而且要教导他把自己也看作正常人。

有一个小孩子，生下来左手就只有三个指头。上学以后，班上的同学老是拿他开玩笑、取笑他。他的父母又没有足够的钱可以为他修整，只好教导他一种消极的方式，遇到有同学取笑他，就回答说："我早上赶着要上学，所以忘记把其他两个手指头带出来！"

促进子女身心健康的原则

孩子的身心发展速度很快，难免有许多适应上的困难，需要不断地调整。生理上的成长发展，往往使他们变得多愁善感；而心理上的变化，更容易形成孩子情绪的起伏不定。负责任的父母，必须随时关心子女，发现他们的需要，适时给予适当的协助。

子女在生理上和心理上的需要，都代表成长的动力。但是每一种需要，都存在着一些问题，父母如果帮助他们把问题寻找出来，再加以适当的辅导，就能够促进子女的身心健康发展。如果父母存心坐享其成，只想袖手旁观，等待子女健康、进步、成功，那是不可能的事情。

譬如孩子常常说谎，父母如果不愿意面对事实，设法加以纠正，或者不闻不问，不愿意承认孩子有说谎的事实，这种消极性的放任态度，间接认同孩子的欺骗行为，使孩子误以为父母不知道他在说谎，甚至不反对他说谎。父母不可能无缘无故地怀疑自己的子女，但是看出一些奇怪的现象之后，难免怀疑自己的子女是不是在说谎？这时候不应该不分青红皂白就加以严厉的责备，却应该细心查证，看看是不是真的有说谎的情况，如果确实发现子女说谎，也不必马上拆穿他，让他难堪，由于下不了台而恼羞成怒。父母可以用话来套他，譬如说：“小华，我觉得你没有说老实话，那个花瓶怎么会忽然破掉呢？”父母没有明说子女说谎，只是表示自己有一些奇怪的感受，有些孩子很快就会承认，是他不小心打破的，父母对于知道错误而又肯承认的孩子，不要责备他，教导他知过必改，让他找个机会将功折罪，记住这个教训。有些孩子比较顽固，硬是不肯承认，父母就要一步步推理下去，使孩子无所遁形，他就会觉得自己的一举一动根本骗不了父母，因而不敢再说谎。

父母负责任地促进子女的身心健康，必须掌握下面所说的五个原则：

第一，按期检查身体的健康。

母亲在生产以前，有规律的产前检查，不但有助于改善母体的健康，同时对肚子里婴孩的健康也有帮助。

坐月子要好好坐，因为对母亲的健康非常重要，而健康的母亲，才能教养出健康的子女。

孩子要按期检查身体，按时接受各种预防注射。但是父母不应该认为子女已经按期做身体检查，就表示他们的健康可以放心了。有些问题，一旦等检查出来，恐怕已经很难收拾了。父母自己注意子女的身体，如果发现有哪一部位不舒服，最好请专科医师做进一步的检查和诊断，效果会比较好些。定期接受体检，而体检并不能证明身体绝对健康，这是必须特别注意的。

第二，经常考察言行表现的心态。

父母关心子女的身心健康，要多用眼睛，不要完全相信自己的耳朵。经常用自己的眼睛，观察子女的言行表现，了解他们的需要，给予合理的响应和指导。

有些父母知道青春期的子女，最容易闹情绪，情绪最不稳定，因此把注意力集中在子女的青春期，以为幼童年纪还小，用不着特别注意。也有些父母，看到孩子发生打架、争吵、捣蛋、逃学的情况，才觉得问题严重，否则的话便认为一切正常。其实这些想法，都是不正确的。儿童期和婴儿期以及青春期比较起来，由于儿童刚刚从家庭中走出来，正忙着适应他的新环境，从外表看起来好像情绪会比较平稳，但是在适应上仍旧有一些问题，父母必须加以注意和辅导。譬如4～6岁的阶段，儿童的表现应该是充满活力、蹦蹦跳跳，才属正常。如果儿童的实际状况却是夜里继续尿床，经常发脾气，说话时言词不清，一再故意虐待小狗小猫，无缘无故摔坏东西，那就应该特别用心观察，因为这已经是心理有问题的征兆了。六岁以后上学读书，如果仍然尿床和吮吸指头，而又非常害怕上学，也可能是内在失调的缘故。

父母在请教专家之前，最好经常考察子女言行表现的心态，自己找出他隐藏的一些问题来。

第三，发育期间，要特别注意营养与运动。

父母希望子女发育良好，有健全的体格和强壮的体力，首先要注意子女饮食的习惯和营养的摄取。世界上有各式各样的营养不良症状，源于父母的贫穷和无知，使子女无法获得必需的食物。子女的体重过重或过轻，都不是正常的现象，营养学家和医师都制定出理想体重的标准，父母应该指导子女参照这个标准以调节体重。子女在幼小时期没有获得正确观念，长大以后在外求学，得不到父母在这方面的照顾，就会更加偏差，除非他们自己发现错误而加以修正，否则很可能因为这种不正确的饮食观念而产生营养不良的现象。

除了吸取适当的营养、建立正确的饮食观念之外，适当的运动也是十分必要的。一般说来，善于运动和举止优雅的人，一定比较具有安全感，而且更加平易近人。所以要鼓励子女趁年轻而适应力强的时候，学习一些运动或娱乐的技巧。子女在第一次学习运动或技巧时，大多能够以很大的耐力和毅力来学习，但是发现自己的能力不能够胜任的时候，又很容易丧失耐心和毅力，因此父母不要逼子女去做他能力以外的事，以免子女觉得自卑而心灰意懒，甚至产生反抗的心理。

孩子每天至少要有两个小时以上的室外活动，在天气晴朗或者学校放假的日子，可以花费更多的时间，以培养子女对运动的兴趣和强健的体魄。

第四，身体有疾病要找靠得住的医师。

孩子的胖瘦，并不能马上断定身体有没有毛病。父母不必因为子女过胖或过瘦，一天到晚嘀咕他多吃什么、少吃什么，以免适得其反，引起子女的反感。孩子的胖瘦发生问题，最好请教医师，做身体检查，做正确的调理。

除了胖瘦之外，父母如果发现子女的健康有值得担心的情况，不必迟疑不决，请教靠得住的医师才是最好的办法。一般来说，孩子发烧就应该马上找医师诊治，因为许多严重的疾病，譬如肺炎、脑膜炎、腹膜炎，都有发烧的症状。婴儿出生的头几个月，不容易有发烧的反应，这期间就算有了严重的感染也不容易发烧。一两岁以后，对于所有的疾病，无论是轻是重，一开始就会发烧，这个阶段烧来得快退得也快，所以初期的发烧反而不要紧，倒是病发几天后才发的烧，就应该小心了。五六岁又恢复到婴儿初期的情况，不容易发烧，所以一发起烧来父母就要特别注意。

身体的疼痛也要特别小心，一个孩子如果发生肚子痛，应该查明他所说的肚子，是指哪一个部位。如果孩子能够确实指出疼痛的部位，而且每次指的都是同一个部位，那就要赶快找医师检查了。

找可靠的医师并不是找有名气的医师，当然更不能相信那些连证书都没有的密医。父母最好打听一下，找一位值得信赖的医师，把他当作家庭医师，他也比较熟悉子女的情况，无论医疗保健，都可以比较放心。

有病千万不要有所忌讳，千万不要拖延时间，找可靠的医师，遵从他的指示服药或保健，才是上策。

第五，心理不健康，要设法辅导。

父母对子女心理健康的最大贡献，其实就是培养子女的自信心，对生命充满了热爱。但是父母的过分关心，往往使子女失去自信。自信并不是天生的，而是后天所养成的。自信的孩子，喜欢与人共处，不喜欢一个人躲起来，遇到问题时会热心地去解决，不愿意回避。但是，父母的过度警告和过分严厉的指责和规定，常常伤害了孩子的自信，这是一般父母不知不觉中伤害自己的子女常见的现象。

父母的态度，应该鼓励重于责备，多让子女勇敢地尝试一些没有安全顾虑或者做好安全防范的事情，在日常生活中培养子女的自信。

如果观察再观察，发现子女的心理有一些不健康，千万不要大惊小怪，必须冷静地请教专家，给予适当的辅导。父母自己辅导当然很好，不过一定要找对方法，才能收到预期的效果。

心理不健康，愈早辅导愈好，而且调整过来就会恢复正常，既不值得大惊小怪，也没有什么不敢开口请教的忌讳。

现在，我们再回过头来，想想本章前面那几个问题，有没有新的想法？

❶ 怎样使子女心理正常？
❷ 自己的子女有哪些值得鼓励的心理现象？
❸ 又有哪些必须加以改正的心理现象？
❹ 怎样使子女身体健康？
❺ 自己的子女在身体健康方面，有哪些需要加强的地方？
❻ 促使子女身心健康，自己已经掌握了哪些主要的原则？

第十章

父母怎样检讨改进教养的成效

中国人很喜欢计划，很不喜欢检讨。

深怕检讨起来，会弄得自己很没有面子。

只要把彼此检讨的方式，改变为“自我检讨”，

父母都只说自己的不对，另一半就不会难堪。

检讨的时候，最好依据原先的教养计划，

把实施绩效评估表拿出来逐项评分。

把教养子女的项目，分成八项分条列举，

每一项都由父母商议后给自己一个分数。

中国人是儒家、道家、释家思想的融合体，我们在做计划的时候，是典型的儒家，无论如何，一定要未雨绸缪，一定要谋定而后动，更一定要打有把握的胜仗。几乎什么事情都照顾得十分周到，动不动就说什么全方位思考。可是到了运行时间，我们的态度就转变了，由儒家转向道家，说什么顺其自然，人算不如天算，事先没有想到有这么多的困难和麻烦，于是抱着“顺应”的心态，怎么样就怎么样好了。等到检讨的时候，我们又成为不折不扣的释家，南无阿弥陀佛，反正已经尽了力了，就算把他杀掉又有何用，不如饶过他算了。中国人最难得检讨，也最不善于有效地检讨。

我们非常不习惯大家在一起来检讨某种事情，主要是面子问题很难解决。要一个中国人公开承认错误，有时候好像比登天还要难。我们比较有效的方式，是自我反省，自己检讨自己，而不是检讨别人。

夫妻之间，同样不可以你检讨我，我检讨你，弄得意气用事，情绪都很不好。最好的办法，还是自我检讨，当着对方，用检讨自己的方式来试探另一半的反应，因为任何事情都需要检讨，才能够评估它的得失，作为以后改进的参考。父母教养子女，当然也不能例外。有些父母，对子女往往寄希望于太高，恨不得子女马上成龙成凤，表现得特别好。有些父母，就是因为恨铁不成钢，这才使用非常严厉、苛刻的态度来对待子女。对子女所做的工作，不但不赞美、不鼓励，反而吹毛求疵，变本加厉地要求。

父母如果不能够虚心地检讨自己，根本不可能发现自己的缺失，只会一味地苛求子女，责骂子女，把子女好不容易建立起来的一点点自信全都折磨光了。

检讨，还不能用算总账的方式。有些父母一直到子女长大了，才发现教养的方式有偏差，但是已经造成亲子之间非常大的误会，很难化解，是不是悔之已晚呢？

最好的方式，当然是阶段性的检讨。每隔一段时期，父母就把教养子女这一件大事，拿出来共同检讨一下。我们的目的当然不是找出谁的错，是父亲不对，还是母亲有缺失，甚至父母同时都犯了错误，其实都不要紧，因为人非圣贤，孰能无过？重要的是找出错误的观念或行为，赶紧想办法加以补救。

我们必须尊重孩子只有一个童年，这一生不可能再有第二次，我们不能够让孩子白白地过一个童年，更不可以让他们受到错误的教养。虽然一切都是为了爱孩子，但是爱之往往是害之，看起来爱他，实际上害他，我们忍心这么做吗？

父母常常为了教养子女而争吵不休，甚至互相指责，大声叫骂，这并不是良好的检讨方式。因为情绪不好的时候，头脑不够冷静，思虑不够周全，根本检讨不出真正的缺失，也不容易找到根本解决的方法。

为了教养子女的问题，公开在子女面前争吵，只有引起子女的怀疑，父母是怎么啦！

父母对子女的教养态度应该一致，如果有不同的意见，必须私下商量协调，不应该在子女面前为了教养问题而争吵。同样，检讨子女教养的得失，也不可以当着子女的面，更不应该像法官审问犯人那样，问子女的感想和意见，使子女不知如何是好。

教养子女既然是父母共同的责任，而子女又是父母共同的骨肉，所以父母不可能分彼此，更没有必要在教养子女上面分彼此。大家心平气和地检讨教养子女的得失，冷静地探讨改善的方式，这样的检讨才可能产生良好的效果。否则不检讨则已，一检讨就吵架，还有什么意义？

检讨是为了更好，而不是寻找过错，不必紧张，大家都是一家人，谁也不会被记过，谁也不会被开除，轻松一些、缓和一些、客气一些，大家好商量，才能收到检讨的效果。现在先请各位想一想：有什么比较好的检讨方法？评量的标准是什么？应该怎样奖励子女的良好表现？想过之后，把下列问题的看法写下来，然后再接下去，看看有什么共同的看法和不同的意见。

❶ 中国人比较适合用哪一种方式来进行检讨？

❷ 自己和另一半的检讨有什么需要改正的地方？

❸ 有什么比较好的方法，可以用来检验教养子女的绩效？

❹ 评量的标准是什么？

❺ 怎样奖励子女的良好表现？

❻ 怎样纠正子女的不良行为？

检讨的方法

我们已经讲过，中国人不喜欢被检讨，也不愿意公开检讨别人。我们最好用自己反省、自己检讨的方式，来了解教养子女的成效。但是中国人所说的自我反省、自己检讨，实际上也不限定自己一个人独自进行。因为人难免有惰性，人不免宽待自己，容易放松自己，所以自我反省，常常流于形式，而且过一阵子就忘记了，很难持续下去。中国人最妙的就是夫妻两个人一起进行自我检讨，结果就检讨出很多东西来，这不是很妙的事情吗？

夫妻两个人，只要你记我的错，我也一定可以找出你的错。我们常讲：我知道我有错，我也承认这是我的错，可是，你难道一点错也没有吗？我只是不愿意讲你，你以为你一点错都没有？现在你既然讲出来了，我想我也不再为你隐瞒什么，干脆通通把它讲出来好了。结果弄得夫妻都很难堪，都很没有面子，彼此都要难过好一阵子。

夫妻两个人在一起检讨，先生只说自己的错误，太太就比较容易谅解，有时候还会替他找理由，打圆场，帮忙找台阶下；太太只检讨自己的缺失，先生也同样比较容易谅解，用同样的心情和方法来和太太商量。只有这种不说另一半的缺失，只检讨自己的不对，才能够让夫妻冷静地共同找出教养子女的缺失，并且找出彼此都同意的改进方法。可见中国人也不是不可能检讨，只不过我们比较偏向释家的精神，每一个人都应该念佛消灾，而不要去管别人。各人在阿弥陀佛声中，各自修行。

检讨的时间，可以定期，也可以不定期。反正有需要就可以进行，夫妻天天在一起，随时可以找机会检讨，评估一下教养子女的成效。

我们也可以依照下面所附的教养子女绩效评量表，逐项来加以检讨：

教养子女绩效评量表

项　目	分数		
一、提供正常的家庭环境	15	8	4
二、扮演各种必要的角色	15	8	4
三、了解子女成长的状况	15	8	4
四、采取恰当的教养态度和方法	15	8	4
五、指导子女基本的生活技能	15	8	4
六、养成子女正确的生活观念	15	8	4
七、养成子女良好的生活态度与习惯	15	8	4
八、促进子女的身心健康	15	8	4
合　计			

评量日期：　　年　　月　　日

评量的项目，完全依据我们前九章所提出的教养子女的基本架构：

一、提供正常的家庭环境

包含下列15个主要重点：

1.父母要有决心教养好子女。

2.父母彼此要诚心相待，爱其所同，敬其所异。

3.父母有不同意见，要私下沟通、协调。

4.父母尽量避免在子女面前争吵、辱骂。

5.父母不要背后向子女私下讨好。

6.父母对待亲人，不论长幼，都要以礼相待。

7.父母对待佣人，不可作威作福，或过分亲近。

8.父母不要呼朋引友，在家玩乐吵闹。

9.父母对亲友干扰子女的教育，不能计较。

10.父母万不得已需组小家庭，要常带子女回家探亲，养成和家人团聚的习惯。

11.住家不求广大，但求够用。

12.一切家具，不求奢侈，但求合用。

13.如有可能，婴儿要有自己的睡床，儿童要有自己的房间。

14.子女要有做作业的桌椅、共同的书橱。

15.家庭布置要简朴，经常保持整洁，不可设置酒柜之类的摆设。

二、扮演各种必要的角色

包含下列15个主要重点：

1.父母扮演的角色要不同，一强健，一柔顺。

2.父母视实际情况更换角色并且扮演各种角色。

3.父母不能扮演小丑或警察的角色。

4.父母不要对人宣扬子女的能干，也不要诉说子女的不是。

5.父母要商量分配所应扮演的角色。

6.扮演子女保安员的角色。

7.扮演子女保健员的角色。

8.扮演子女职业顾问的角色。

9.扮演子女经济顾问的角色。

10.扮演子女运动教练的角色。

11.扮演子女家务教练的角色。

12.扮演子女交友顾问的角色。

13.扮演子女生活顾问的角色。

14.扮演子女学科辅导员的角色。

15.扮演其他子女所期待的角色。

三、了解子女成长的情形

主要包含下列15个重点：

1.父母要了解婴儿、幼童、儿童、少年以致青年身心正常的情况。

2.父母两人就其可能的途径，多方面学习这些知识。

3.父母对于这些知识，不要盲目按照经验来判断。

4.父母对于这些知识，也不要全信书本。

5.父母对于这些知识，要选择正确的加以利用。

6.父母要自己观察子女的身心情况，不要随便听信人言。

7.父母观察子女的身心情况，要有适当的方法。

8.父母观察子女的身心情况，不可只凭一两次的发现便妄加判断。

9.父母观察子女的身心情况，不限于何时何地。

10.父母对观察子女身心情况的结果，要保守秘密。

11.父母要找时间尽量和子女在一起活动，以利于观察。

12.父母发现子女的身心有问题，要记下要点，彼此研究。

13.父母对所发现的子女身心问题，要随时请教专家和医师，或有经验的长者。

14.父母发现子女的身心有问题，不可慌张失措，影响子女的心理。

15.父母发现子女的身心健全，只能乐在心中，无须对人宣扬。

四、采取适当的教养态度和方法

同样包含下列15个重点：

1.父母管教子女，要有一定的原则。

2.父母管教子女的原则不能太多，要抓住重点。

3.父母管教子女的原则有共通的，譬如不分男女不论大小，一样爱护。

4.父母管教子女的原则有个别的，譬如根据男女，大小的差异，方法不能一样。

5.每一个家庭有每一个家庭需要的原则，但必要时可以改变。

6.父母管教子女，态度要经常保持温和可亲。

7.父母管教子女，需要严厉时就严厉。

8.父母管教子女，切忌嬉皮笑脸、讽刺辱骂。

9.父母管教子女，尽量避免在他人面前；更要避免装腔作势、长篇大论。

10.父母管教子女，与政治无关，不必讲究民主或专制。

11.父母管教子女，要看需要，采取各种不同的方法。

12.对于婴儿、幼童，尽量采取协助、示范的方式。

13.对于儿童、少年，尽量采取讨论、讲述、批评等方法。

14.父母管教子女，要随机实施。

15.父母管教子女，要经常检讨，何种方法有效，何种方法无效，并随时调整。

五、指导子女基本的生活技能

包括下列15个主要的重点：

1.指导子女生活技能，父母要有事前的准备。

2.指导子女生活技能，父母切忌趁兴自我表现。

3.指导子女生活技能，父母示范要力求精确。

4.指导子女生活技能，父母态度要愉快。

5.指导子女生活技能，父母切忌体罚。

6.父母要指导子女明辨基本的生活技能和非基本的生活技能。

7.父母要指导子女重视衣、食、住、行的基本技能。

8.穿衣、住所要求整齐、清洁。

9.饮食、行动要求合适、安全。

10.培养一些基本生活技能，如弹琴、绘画、舞蹈等。

11.减少一些非基本生活技能，如打架、说谎、骂人等。

12.指导子女不可以任意取用他人的物品。

13.指导子女不能够做错事还有理由。

14.指导子女不能够一切要以他为中心。

15.指导子女生活技能不能揠苗助长，超过子女的能力。

六、养成子女正确的生活观念

同样包括以下15个重点：

1.指导子女了解一些正确的生活观念。

2.指导子女特别重视“好学”。

3.指导子女必须真正“知耻”。

4.指导子女力求上进。

5.通过父母交谈的方式来间接指导子女正确的生活观念。

6.指导子女减少一些不正确的生活观念。

7.指导子女分辨“不认输”并不是“样样不输人”。

8.指导子女不可存有“人家有什么，我们也一定要有”的观念。

9.指导子女不可以存心“凡事糊里糊涂，混日子过”。

10.指导子女要和自己比，不要和别人比。

11.分期分阶段培养子女正确的生活观念。

12.婴儿、幼童只能用身教，不能言说。

13.儿童、少年要用身教，也要简单说明理由。

14.尽量避免长篇大论的说教。

15.对于不正确观念，不可过度指责，以免引起反作用。

七、养成子女良好的生活态度与习惯

也分成15个重点：

1.指导子女了解某些良好的生活态度。

2.指导子女养成勤劳的习惯。

3.指导子女养成守法的习惯。

4.指导子女养成守礼的习惯。

5.指导子女养成有恒的习惯。

6.指导子女辨明某些不好的生活态度和习惯。

7.指导子女不可懒惰。

8.指导子女不可不守法。

9.指导子女不能无礼。

10.指导子女不可以明知故犯，有意犯错。

11.分期分层由幼童训练起。

12.勤劳、守分、有恒都要从能做到的小事开始训练，逐渐增加难度。

13.养成要连续不断，不能一曝十寒。

14.在训练过程中，有小表现就要给以奖励。

15.幼童多用物质奖励，儿童、少年多用言语奖励。

八、促进子女的身心健康

也分成15个重点：

1.指导子女不嫉妒他人。

2.指导子女不羡慕他人。

3.指导子女不说人长短。

4.指导子女时常自省，有过必改。

5.指导子女乐观进取。

6.指导子女身体要按照常态发展。

7.指导子女身体要保持健全，不要损伤。

8.指导子女身体要正常，避免畸形发展。

9.指导子女身体要保持健康。

10.指导子女身体有缺陷时，要设法补救。

11.按期检查子女的身体健康。

12.经常考查子女言行表现的心态。

13.在子女发育期间，特别注意其营养和运动。

14.子女身体有疾病，应该找合格的医师就医。

15.子女心理不健康，要注意加以辅导。

父母依据教养子女绩效评量表，逐项检讨评量的时候，必须尽量按照事实评量，不要高估或存心压低绩效。

对绩效评量的结果要心平气和，并且保守秘密，如有缺点，要共同商量，设法改进。

评量的标准

评量的标准，可由夫妻两人商议决定。下面所列举的办法，不过是我们的建议，请各位参考：

第一，每一项目，都有15个重点。每一个重点，如果认为已经达成，可评1分。用1来表示完成，有完整、圆满的意思。项目中的每一重点都达成时，可得15分。

第二，每一项目，认为已经在做而尚未完成时，可得8分。换句话说，为了计算方便起见，从8分起到14分，都概略地以8分计算。

第三，每一个项目，认为绩效不合理想的，可评4分。换句话说，从零分到7分之间，为计算方便起见，一律以4分计算。

按照上面所说三个评量标准，最高可得120分。最低可得32分。也就是说，每次评量，可以得到32分以上，120分以下的成绩。

我们建议评分的结果，以64分以上为及格。得分在50分以下时，必须彻底反省，力求改进。

前面说过，检讨的时间可以定期也可以不定期，只要夫妻认为有必要时，随时可以进行评量。我们也曾经建议，教养子女要有分阶段、分时期的目标，所以夫妻进行评量的时候，应该依评量时所打算达成的目标为标准，两人商议，即可决定给予多少分比较合理。

这种自己决定评量时间，自己决定评量标准，而又自己决定评量分数的做法，主要的用意在于提醒我们，教养子女原本是自己的事情，必须对自己有所交代，而不是做给别人看，所以任何形式化的作为都没有意义。

夫妻评定分数时，可以逐项依照所列举的重点，一条一条加以检讨。这样，每检讨一次，相当于复习一次教养子女所应注意的重点，不是十分有价值吗？!

检讨的目的，不在于寻找什么人的过失，追究什么人的责任，反而是夫妻两人，就父母各种角色应尽的责任，逐一加以检讨，一方面借由彼此的沟通，可以充分交换意见；另一方面经由彼此的商议，决定分数的时候，必然可以加强自己的责任意义。

譬如说，给15分的时候，必须夫妻两人都满意于教养子女在这一个重点上的绩效。而给4分的时候，两人都已经同意教养子女的绩效，至少在某一个重点上一致同意是不及格的。这时候再来彻底反省，应该可以比较虚心，比较容易检讨出结果来。

奖励的方法

父母检讨教养子女的成效，如果发现绩效不佳，亦即得分在64分以下时，绝对不可以指责对方，把责任推给对方。因为推来推去，既不可能把责任推掉，也不可能凸显某一方的优点，反而容易引起争执，甚至吵架。

这时候最好把责任推给自己，率先承认错误，先行自我检讨，相信另一半也会受到感染而承认错误，自行检讨。责任是抢出来的，彼此抢着要承担责任，比较容易把责任扛起来。责任不是推出来的，推来推去，谁都不愿意承担责任，根本不可能解决难题。

父母发现教养子女的绩效不佳，不可以把怨气、怒气转移到子女身上。说来说去，说出子女的缺失，便把子女喊来，逐条加以斥责。气也许是发了，却收不到实际的效果。因为子女在这种情况下，搞不懂父母为什么忽然把他找来，为什么忽然算起总账，弄得他无法接受。

有些父母，原先心平气和地把房门关起来，检讨教养子女的成效，结果发现绩效欠佳，生起气来，把房门打开，大声喊叫正在读书做作业的子女前来接受教训。弄得只要父母关起房门谈论事情，子女的心情就十分不安，唯恐什么时候房门打开，又要找他们去受罚。

检讨的绩效不佳，最好采取商量的方式，寻找绩效不佳的原因，把它们一条一条记下来，再逐条寻找改进的方法。然后按照改进的方法来调整，隔一段时间，重新检讨一下，看看是不是有效，否则再检讨、再调整，或者向有经验的父母长辈、专家、朋友请教。

绩效良好，也不可以一高兴就放松下来，形成一曝十寒的情况，反而不好。

这时候可以列举子女进步的地方，采用奖励的方法来增进绩效。

评量的绩效不佳，由父母承担责任，不要把责任推到子女身上，找他们来顶罪、出气。

评量的绩效良好，把荣誉归给子女。是子女表现得好，父母才能够获得绩效良好的愉快。

奖励子女，要多用精神方式，少用物质方式。

李妈妈有一次在早餐的时候，告诉子女说："你们看爸爸今天早上容光焕发，精神愉快，知道是为什么吗？"

子女回答说："不知道。"

李妈妈说："因为你们最近表现得很好，爸爸昨天晚上就很高兴，一直在夸奖你们，今天一早起来，才这么高兴。"

爸爸说："哪里，是妈妈从昨晚上一直高兴到现在，还说我呢！"

父母之间的对话，实际上即在奖励子女，这样精神上的激励，相当有效。

回想以前所说的原则，不要在外人面前夸奖自己的子女，可以在家人当中夸奖所有子女，但是不要只夸奖其中任何一个，以免引起孩子天生的嫉妒心。

奖励的办法，可以由父母商议决定，并且推由其中的一位来发布或执行，譬如由妈妈发给奖品，这时候最好说："这是爸爸奖给你的，爸爸回家的时候，要谢谢爸爸。"然后在父亲回家时，看看子女有没有表示感谢，如果没有，还要好意加以提醒。而父亲在接受子女的感谢时，最好说："怎么这样子，怎么会谢起我来了，这是妈妈的主意，还是谢谢妈妈好了。"

这么一来一往，加强了子女受奖的激励，效果会更好。父母互相把好意推给对方，对子女也是一种好的示范，懂得把功劳让给别人，至少和别人分享。

父母也可以和子女共同商量，采取什么样的奖励。譬如年幼孩童，可以每有一个好的表现，就贴一张或画上一枚红色的花朵，积满几个花朵，便可以获得什么奖品。

但是，我们还是建议多用口头称赞，少用物质奖品，特别是不要用金钱做奖励。零用钱的给予以合理为标准，不应该和行为表现得好坏扯在一起的。

对孩子而言，父母的称赞，只要出乎真心，而且有所依据而不是冷讽热嘲，应该是相当有效的。

奖赏不是给孩子"甜头"，不应该让孩子养成有表现就要得好处的观念。奖励是荣誉的象征，用来增强孩子的内在动机。

评量的绩效不佳，若是一下子把矛头对准子女，兴师问罪，甚至把子女当作出气筒，就是不敢面对现实、逃避责任的不正当行为。在子女表现出不正当言行时，给他们合理的惩罚是必要而且正确的，但是评量教养子女的绩效时，与子女并无关系，不必牵连到孩子的身上。再接再厉，勇敢地面对现实，冷静地检讨改进，才是比较有效的做法。

现在，我们不妨再来想想，前面所提的几个有关评量绩效的问题，是不是有更进一步的看法？

❶ 中国人比较适合采用哪一种方式来进行检讨？
❷ 自己和另一半在检讨时，还有什么需要改善的地方？
❸ 有什么更好的方法，可以用来检讨教养子女的绩效？
❹ 评量的标准是什么？
❺ 怎样奖励子女的良好表现？
❻ 怎样改变子女的不良表现？

后记
Postscript

教养子女是一种实务，必须实际有所行动，才能收到效果。空谈无益，最好以身教代替言教，让子女主动学习。

然而，人毕竟是观念的动物。观念产生态度，态度影响关系，而关系则决定效果。有如下表：

教养观念——父母的教养理念
↓
教养态度——父母的教养态度
↓
亲子关系——双亲子女的关系
↓
教养效果——检讨反省教养的效果并加以改进

父母的教养理念，我们提供三个原则，以备确立理念的参考：

第一，父母最好明白："子女为父母所生，却并非父母所有。"上天把子女托付给父母，希望父母好好加以教养，不要让子女承受"自生自灭"的痛苦。父母教养子女，是上天赋予父母的神圣责任，不但不可推卸，而且还要尽心尽力，做到毫无愧疚的地步。

第二，子女既然是上天所托付，父母应该秉持天道，依据天理良心来教养子女，并且把子女也教养成为合乎天道，重视天理良心的正常人。父母有权依照自己的期望来教养子女，却不得违反天理，把子女教养成没有良心的害群之马。只要合理，父母可以按照自己的理想来教养子女，不必计较别人有什么反应。

第三，上天不希望所有的人都一模一样，造成人类同构型过高的困扰。因此每一个子女都具有先天带来的不同的个性，可以改变，但是很不容易。父母最好尊重子女的个别差异，认为孩子是唯一的、独特的、与众不同的，顺着子女的个性，给予合理的教养，才合乎上天的意思。

父母的教养理念确立之后，就会产生一些合乎自己理念的态度。但是，难免也有一些不合乎自己理念的教养态度，以致自我产生矛盾，这是因为对于自己的教养理念缺乏深切而明确的了解，尚未确信无疑的缘故。必须重新思考、反省、检讨自己的理念，以调整自己的教养态度，以求前后一致，有所连贯。同时，父母双方的教养理念，未必完全相同，因此要多沟通、多商量，尽量达成夫妻之间的教养共识，以免子女无所适从。

在教养态度方面，我们提出三点建议，以供参考：

第一，父母可以对子女有所期许，却不能硬性规定子女必须按照自己的期许去成长。父母所确定的教养目标和原则，可以明确地向子女说明，让子女明白原则的内容和目标，并且共同商量进行的步骤。但是，在教养的过程中，必须用心观察子女的实际成长状况，做合理的调整，使子女能够顺利地达成阶段性的目标，不致产生重大的挫折，影响到以后的发展。

第二，父母之间，最好标准一致，以免造成子女在父母之间投机取巧，养成坏习惯。母亲由于比较长时间和子女相处，可以用“再不听话，爸爸回家你就会皮痛”来借重父亲的威严以吓阻、镇压子女，但是有意无意，都要用心促使子女怕父亲之外，了解父亲的爱心而尊敬、敬爱父亲，不要使严父变成子女心目中的“恶人”，这才是角色扮演而不是出卖父亲。

第三，要使子女对自己有信心，但是不可以自信到“毫无忌惮”的地步，以免无法无天，最后毁了自己。畏天命、怕对不起祖先、敬鬼神都是一种自我警惕的设施，和一般人所谓的“迷信”并无关联。不要让子女“怕活人”、“崇拜活人”，防止子女受骗上当，教导子女要怕死人、拜死人，因为死人不会变，好坏很分明，子女自然会判断。人只要活着，就可能会变。一旦盖棺论定，不可能再变，这时候再来决定要不要崇拜并不为迟，而且更加安全，不致搞错对象。

教养的目标和范围，本书提出一个中心、三大环节，如下图：

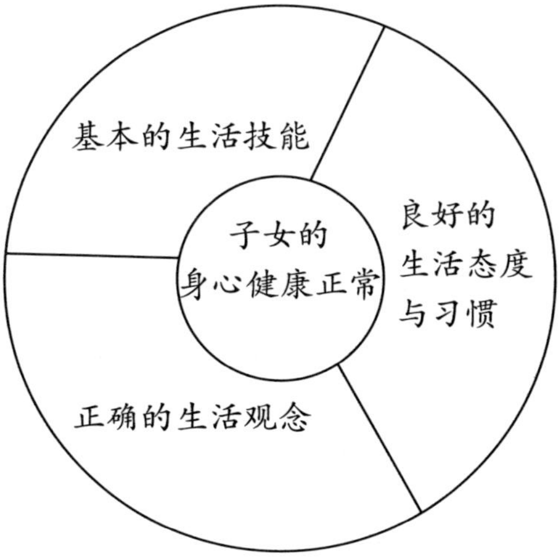

依据图标的一大目标（子女的身心健康正常）、三大范围（基

本的生活技能、正确的生活观念、良好的生活态度与习惯），我们再来回顾一下，父母教养子女必须掌握六大重点，分别为：

第一，基本的生活技能方面：整洁、安全。

第二，正确的生活观念方面：好学、知耻。

第三，良好的生活态度与习惯方面：守分、勤劳。

这六大重点是共通的，对所有子女都应该“一视同仁”，毫无差等地要求，然而做到什么地步，以什么形态而出现，仍应尊重各别子女的“个别差异”而“有所不同”。整洁、安全、好学、知耻、守分、勤劳，其总目标为身心健康正常。反过来说，在身心健康正常的大前提下，来决定各人整洁、安全、好学、知耻、守分、勤劳的程度，所以我们建议分阶段调整，依照子女的实际成长状况，来做阶段性的不同要求。

教养态度可以决定亲子关系，这时候我们也有三点建议，谨供参考：

第一，父母就是父母，最多把父母的角色扮演好，不必改变身份，和子女做朋友。

父母和子女做朋友，子女一生就少掉了一种“父母”的对象，减少一种“亲子”互动的经验，实在是一大损失，一种缺陷。

父母和朋友是十分不相同的角色，和子女做朋友，父母的角色谁来扮演？高兴时是子女的朋友，不高兴时马上摆出父母的威严，这种亲子关系怎么会好？

第二，教子女比爱子女更重要，把子女教养好，才是真正的爱子女。所以亲子关系不能有“讨好子女”的心态，简直一丝一毫都不容许存在。

讨好子女一方面表示父母不尽责任，只希望子女高兴，不吵闹就好，自己免得麻烦。另一方面证明父母缺乏实力，不敢教，不知道怎样教导子女，只有用讨好的方式，彼此共存，但求相安无事。

年幼无知，是每个人成长过程中必经的过程。这时候最需要的，是父母正确的教导。错过了这个时期，恐怕子女已经养成很多坏习惯，很难挽回了。

第三，在亲子关系中，父母可以分别扮演不同的角色，以满足教养子女的不同需求。譬如父亲扮演子女的保安员、职业顾问、运动教练、交友顾问、学科辅导员，而母亲则扮演保健员、经济顾问、家务教练、生活顾问以及学科辅导员等等，以收分工合作之效。

亲子关系可以决定教养子女的效果。我们也提出一种绩效评量表，建议各位依据自己的想法，确定各种项目可得的分数，并且定期或不定期地进行评量。

效果评量之后，必须冷静地反省、检讨，夫妻双方好好商量，寻求调整、修改的方向。

亲子关系是天生的，一辈子不能分割的。父母既不可能辞职，子女也不可能被辞退，所以父母对子女，生气没有用，埋怨也没有用。唯一的途径，好像只有“随时回归原点，准备重新开始”。回归原点，意思是再想一想自己的教养理念，调整自己的教养态度，以求改善亲子关系，提高教养效果。重新开始是不可能的，只能够在心理上自我建设，以往种种，譬如昨日死，不要再提那些旧账。要紧的是现在开始，必须改变心态，给大家一个新的希望、新的起点。

每一天都是一个新的起点，都是一个良好的机会，让全家人从现在开始，重新调整，便是一个好希望。

附录
Appendix

教养子女绩效评量表

项　目	分　数		
一、提供正常的家庭环境	15	8	4
二、扮演各种必要的角色	15	8	4
三、了解子女成长的状况	15	8	4
四、采取恰当的教养态度和方法	15	8	4
五、指导子女基本的生活技能	15	8	4
六、养成子女正确的生活观念	15	8	4
七、养成子女良好的生活态度与习惯	15	8	4
八、促进子女的身心健康	15	8	4
合　计			

评量日期：　年　月　日

您觉得自己哪些方面做得比较好？

……………………………………………………………………………………………

……………………………………………………………………………………………

……………………………………………………………………………………………

您觉得自己以后哪些方面急需改进？

……………………………………………………………………………………………

……………………………………………………………………………………………

……………………………………………………………………………………………

教养子女绩效评量表

项　目	分　数		
一、提供正常的家庭环境	15	8	4
二、扮演各种必要的角色	15	8	4
三、了解子女成长的状况	15	8	4
四、采取恰当的教养态度和方法	15	8	4
五、指导子女基本的生活技能	15	8	4
六、养成子女正确的生活观念	15	8	4
七、养成子女良好的生活态度与习惯	15	8	4
八、促进子女的身心健康	15	8	4
合　计			

评量日期：　年　月　日

您觉得自己哪些方面做得比较好？

....

....

....

您觉得自己以后哪些方面急需改进？

....

....

....

教养子女绩效评量表

项　目	分　数		
一、提供正常的家庭环境	15	8	4
二、扮演各种必要的角色	15	8	4
三、了解子女成长的状况	15	8	4
四、采取恰当的教养态度和方法	15	8	4
五、指导子女基本的生活技能	15	8	4
六、养成子女正确的生活观念	15	8	4
七、养成子女良好的生活态度与习惯	15	8	4
八、促进子女的身心健康	15	8	4
合　计			

评量日期：　　年　月　日

您觉得自己哪些方面做得比较好？

……………………………………………………………………

……………………………………………………………………

……………………………………………………………………

您觉得自己以后哪些方面急需改进？

……………………………………………………………………

……………………………………………………………………

……………………………………………………………………

教养子女绩效评量表

项　目	分　数		
一、提供正常的家庭环境	15	8	4
二、扮演各种必要的角色	15	8	4
三、了解子女成长的状况	15	8	4
四、采取恰当的教养态度和方法	15	8	4
五、指导子女基本的生活技能	15	8	4
六、养成子女正确的生活观念	15	8	4
七、养成子女良好的生活态度与习惯	15	8	4
八、促进子女的身心健康	15	8	4
合　计			

评量日期：　年　月　日

您觉得自己哪些方面做得比较好？

……………………………………………………

……………………………………………………

……………………………………………………

您觉得自己以后哪些方面急需改进？

……………………………………………………

……………………………………………………

……………………………………………………